Anni Schneiberg

Zurück zu meinen Wurzeln

Anni Schneiberg

Zurück zu meinen Wurzeln

back to the roots

Fromm Verlag

Imprint

Cover image: www.ingimage.com

Publisher:
Fromm Verlag
is a trademark of
International Book Market Service Ltd., member of OmniScriptum Publishing Group
17 Meldrum Street, Beau Bassin 71504, Mauritius

Printed at: see last page
ISBN: 978-613-8-34875-7

Anni Schneiberg

Zurück zu meinen Wurzeln, back to the roots

Inhalt

Vorwort

Ein Buch der Selbsterkenntnis. Hilfe zur Selbsthilfe. Auf die Reise gehen und sich selbst dabei kennen lernen. Sich selbst erforschen. Die Kostbarkeiten, die in uns oftmals brach liegen aufspüren und ins Leben integrieren. Wieder viel mehr in die eigene Kraft kommen und lernen diese bewusst zu nutzen. Das eigene Leben mit all den Gaben, der Weisheit bejahen. Ein Vorreiter werden und dadurch vielleicht andere anstecken.

Lernen das Leben zu leben, nämlich genau das was für einem, für mich, für dich vorgesehen ist und nicht das Leben der anderen Menschen. Sich nicht weigern oder einfach nur ein Mitläufer sein. Die Einzigartigkeit erkennen und zwar in sich selbst und auch in den anderen Menschen. Hat doch unser Herrgott jeden Einzelnen von uns anders erschaffen, jeden von uns mit einer ganz besonderen Aufgabe losgeschickt. Diese Aufgabe erkennen, benennen und dann all das eingeben, sodass die Aufgabe erfüllt werden kann, das ist der Plan, unser Lebensplan. Sich damit beschäftigen und nicht ständig auf die anderen zu schauen und zu denken die haben es besser, die haben mehr, nur die haben Glück usw. Mithelfen neue Strukturen zu erbauen, den freien Willen erkennen und dementsprechend handeln. Selbst dadurch mehr und mehr gesunden.

Die Zugehörigkeit mehr wertschätzen, die eigenen Wurzeln lieben lernen und die Wurzeln der anderen Menschen nicht kappen wollen. Auf unserer Reise hindurch durch unser Leben begegnen uns immer wieder andere Menschen, nur so können wir lernen, herausfinden was bei uns selbst noch nicht im Guten ist, was wir an und in uns noch verändern können und müssen, um mit Gott, Hand in Hand, zu gehen.

Hilfe zur Selbsthilfe

Hilfe zur Selbsthilfe setzt voraus, zu wissen, dass ich mich in ganz bestimmten Strukturen bewege, diese erforschen möchte, um zu erkennen wie diese aussehen, sich anfühlen und dann entscheiden kann in welchen Strukturen ich mich unbedingt weiterhin bewegen und welche Strukturen ich verändern möchte.

Achtsamer durch das Leben gehen!

Oh, Herr sprich nur ein Wort und meine Seele wird gesund! Wer muss dieses Wort wohl sprechen? Ich, ja ich selbst. In dem ich, ich „Ja“ zu mir, ja zu meinen Eltern, ja zum Leben sage, dann wird meine Seele gesund.
Wohin soll ich mich wenden, wenn Gram und Scherz mich drücken, wem künd′ ich mein Entzücken wenn freudig pocht mein Herz?

Die Vertreibung aus dem Paradies, der Schmerz ward geboren! Der Mensch musste und muss noch immer seitdem hart arbeiten, um für Nahrung zu sorgen, um leben zu können. Auch unsere Kinder werden immer noch unter Schmerzen geboren. Damals begannen die Menschen sich zu bekriegen. Macht, Kampf, Neid, Wut, Zorn und auch der Hass kam in das Leben. Seither fühlen sich die Menschen oft getrieben, einsam und auch leer. Sie suchen und suchen und wissen oft nicht wonach sie suchen. Was suchen wir eigentlich?
Mein Leben hat mich geprägt und ich habe gelernt, dass ich für Niemandem etwas abhalten, abwenden oder sogar auf Dauer selbst übernehmen oder tragen kann, ohne dass ich selbst einen Zusammenbruch erleide. Außerdem ist dies weder für mich, noch für die Person, die ich schonen möchte hilfreich und schon ganz und gar nicht von Gott gewollt. Denn jeder Mensch wird immer wieder in ganz bestimmte, ganz besondere Situationen hineingeführt. Dies ist wichtig, um etwas ganz Bestimmtes, ganz Besonderes zu erfahren, zu hören, zu sehen, am eigenen Leib, selbst zu spüren. Die Sinne schärfen, verschiedene Dinge immer wieder durchexerzieren. So können wir begreifen, ergreifen, reifen, fühlen, mitfühlen. Mit diesen erlebten Gefühlen sind wir fähig, uns neues Wissen anzueignen um dieses, in uns zu speichern. Wissen, das vorher gefehlt hat. Gefehlt hat, um in ganz bestimmten Situationen eine Handlungsmöglichkeit, aus einer Wahlmöglichkeit heraus, zu tätigen. Dies zeigt sich im Privatleben ebenso im Berufsleben.

Wir Menschen bilden eine Gemeinschaft und jeder einzelne ist ein Teil davon. Jeder, ausnahmslos jeder hat deshalb auch die Pflicht seine Aufgabe, genau an dem Ort, an dem er steht, zu erfüllen. Nur wenn sich jeder selbst in die Pflicht nimmt, können wir unsere Seele, unseren Körper und somit unseren Planeten, Erde, heilen.

Ein immer währendes Neusortieren. Neusortieren und auch, gewisser Maßen, ein Auskämpfen. Wir sind Mensch und wenn wir etwas verändern wollen, müssen wir in erster Linie für uns selbst einstehen lernen, standhaft bleiben. Denn Veränderungen werden nicht so ohne weiteres, von unseren Mitmenschen willkommen geheißen. Nein, der Mensch ist bequem und hält oft an den alten Verhaltensmustern fest. Nicht nur an den alten Verhaltensmustern, sondern an all dem was er besitzt, was er denkt, was er tut, wen oder was er kennt. Da weiß er was er hat. Da kennt er sich aus. Da macht ihm keiner so schnell etwas vor. Denkt er, er der Mensch.

Möchte ich etwas verändern, dann muss ich bei mir beginnen, zu mir schauen, mich selbst in Frage stellen. Herausfinden, arbeite ich an mir oder bin ich dabei meine Mitmenschen zu reparieren, weil ich doch weiß wie es geht, weil ich mich so gut auskenne. Ganz schnell sitzen wir in dieser Falle, in dieser Veränderungsfalle und erzählen und erklären anderen wie das Leben geht. Die anderen wollen dies ganz und gar nicht hören, denn sie wollen es selbst herausfinden, auch sie experimentieren gerne. Jeder Mensch will und hat das Recht sein Leben zu erfahren, erleben, selbst spüren, Fehler machen, herausfinden was tut gut und was tut nicht gut.

Veränderung geschieht immer dort, wo die Prahlerei aufgehört hat. Veränderung vollzieht sich am aller Besten im Stillen. Veränderungen geschehen langsam. Veränderungsprozesse benötigen Zeit! Fehler machen dürfen, sich mal ganz und gar zurückziehen, gegebenen Falls ganz offiziell Abstand nehmen. Sich selbst ausprobieren, sein Leben neu gestalten, neue Werte, neue Ziele anstreben. Mit Abstand können sich diese gut verfestigen, weil die Vergangenheit einfach mal ruhen darf. Vergangenheit ruhen lassen, kann bedeuten: ich verabschiede mich für eine Weile, wenn ich Glück habe im Guten von manch einen geliebten Menschen, oder es entsteht ein Streit, vielleicht ist es nötig, dass ich es einmal blitzen oder donnern lassen muss. Blitz und Donner damit ein Abschirmen, ein Schützen überhaupt möglich wird.

Vielleicht frisst der eine oder der andere alles in sich hinein, steuert dadurch in eine Krankheit hinein, denn dort hat er dann endlich Zeit zum Denken, zum

Überdenken. Im Umfeld befinden sich immer Menschen, die eine Veränderung nicht zulassen wollen. So manch ein Mensch wird versuchen, dich zu hindern, dir deinen Veränderungskram schlecht reden, ausreden zu wollen. Erst wenn ein gewisser Abstand, Freiraum geschaffen werden konnte, entsteht eine Möglichkeit zu denken, nachzudenken, zu fühlen, alte Verhaltensweisen zu überdenken, sich neue kreieren. Der Abstand bringt auch im Umfeld, den einen oder anderen zum Denken, Nachzudenken, vielleicht sogar zum Fühlen. Auf einmal fühlt sich, vielleicht der eine oder andere, selbst aufgefordert, aufgefordert die eigenen Verhaltensweisen zu überdenken. Nicht nur zu überdenken, sondern zeigt sich doch auch eine Bereitschaft, eine Bereitschaft etwas bei sich zu verändern.

Dinge erkennen, in sich klären, dadurch lernen und dann plötzlich zu wissen, hier bin ich gefragt, hier muss ich meinen Mut mobilisieren und hilfreich für mich einstehen. Einstehen für das Gute. Die Augen öffnen, hinschauen, hinhören, hin fühlen, somit ist ein Einwirken auf unser System möglich.

Ein Veränderungsprojekt wird getragen von einer tiefen Liebe, von Verständnis, Streit, Geduld, Mitgefühl hin zu mir und hin zu jedem einzelnen Mitmenschen, der in diesem Prozess mit involviert ist. Mutig und konsequent bleiben, dann auch wieder ab und zu geben. Verantwortung übernehmen, gegebenen Falls, zur richtigen Zeit, Blitz und Donner einladen, aber auch genügend Zeit einplanen. Zeit, um selbst zu überdenken. Zeit, um miteinander zu überdenken. Zeit, um auszuprobieren. Zeit, um zu begreifen. Zeit, um zu ergreifen. Zeit, um zu verstehen. Zeit, Veränderung zu sehen, zu sehen und auch zu spüren. Pausieren, immer wieder pausieren, sich vielleicht auch noch mehr von den ein oder anderen Menschen, vorübergehend, distanzieren, neu sammeln, überprüfen: „ Trägt noch immer die Liebe diesen Prozess?“ „Distanziere ich mich von der Macht?“ „Schiebt der Kopf, mein Ego an?“ „Spüre ich noch immer mein Herz?“

Mein Herz, das die Liebe hin zu mir, hin zu meinen Mitmenschen fließen lässt, kann es noch fließen, oder ist es blockiert? Blockiert, da ich immer wieder und wieder, in gewissen Situationen alleine gelassen werde, alleine auf weiter Flur. Vielleicht muss ich ja auch vorübergehend alleine sein. Nur wenn ich auch immer wieder mal alleine meine Schritte gehe, erinnere ich mich daran:

Veränderungsprozesse dauern an, dauern ein Leben lang an!
Veränderungsprozesse strengen an, strengen immer wieder an!
Veränderungsprozesse benötigen all meine Kraft, meine ganze Liebe!

Eine Zeit lang alleine sein, zurückschauen, erinnern, zu wissen es hat sich gelohnt, es hat sich schon sehr viel verändert, hin zum Guten verändert. Daraus schöpfte ich immer wieder aufs Neue meine Kraft. Gott Vater, Gott Sohn, Gott Heiliger Geist, sie treiben mich an, sie lassen mich hören, sehen, spüren und wissen: „Es geschieht, es geschieht hin zum Guten, also bleib dran und geh´ immer wieder voran!"

„Gehe, gehe, gehe, gehe voran! Warte nicht zu lange, vergeude nicht die Zeit!" Ich weiß, pausieren ist wichtig, jedoch ein Verharren vergeudet kostbare Zeit. Hat doch der Eine und der Andere bestimmt schon erlebt, Menschen vergeuden aus Bequemlichkeit, Feigheit, Rechthaberei, Macht, Egoismus, oft ihre Zeit. Vielleicht wenn es zu spät ist, ein Bedauern, ein Trauern, ihre Dinge nicht angeschaut zu haben. Nicht mitgeholfen, versäumt, Veränderungen herbeizuführen, um dann, in Frieden, mit ihren Lieben, das Leben zu genießen.

„Wichtig, immer wieder zu pausieren!" Jede Veränderung läuft doch auch durch unseren Körper hindurch. Löst oder setzt Blockaden in uns. Nur für mich denken, meine Mitmenschen denken schon für sich selbst! Jeder will probieren, ausprobieren, Veränderungen zustimmen, wenn er es will, auch selbst Veränderungen herbeiführen ist wichtig. Mal mit den Kopf anschieben dürfen, mal was aussitzen. Erkennen, jetzt ist Aktion gefragt und dann auch wieder ein Warten. Ausprobieren, lernen, wie fühlt es sich an? Loslassen, alles dort lassen, jedoch meine Schritte gehen. Meine Schritte gehen, gegebenen Falls auch allein!

Wissen, egal in welcher Situation ich mich befinde, Veränderung kann nur durch meinen Willen geschehen. Veränderung hat mit Bewegung zu tun. Mache ich mich auf den Weg, schaue ich in mein Gesicht, schaue ich mir meine Wahrheit an, dann bewegt sich was. Dann steige ich aus dem versunkenen Schiff aus und schwimme an die Oberfläche, dort kann ich wieder atmen und was sehen, dort wartet meine Aufgabe auf mich. Dort kann ich jegliche Form von Dissoziation ablegen, mich wieder einlassen auf all die Emotionen, die Gefühle, die in einem Miteinander entstehen. Auch entstehen müssen, um zu erkennen was „Menschsein" bedeutet. Um zu erkennen was es heißt, an der Struktur des „Menschseins" zu wirken, mit zu wirken, damit neue Strukturen entstehen können. Mitwirken an den großen Plan. Verändern, einzudringen in die festgefahrenen, blockierenden, bestimmenden Gesetze. Wohl bemerkt, von Menschenhand bestimmenden Gesetze. Niemals von Göttlicher Bestimmung, nein, aus dem menschlichen Verstand heraus erdacht, wohl nicht immer durchdacht. Nicht durchdacht, da noch fehlt das Wissen. Das Wissen oder das „noch nicht Wissen wollen!" Nicht wissen wollen, wie wirkt es sich aus im Großen im Ganzen, im ganzen System der Menschheit?

Wir Menschen befinden uns in einer ständigen Entwicklung. Verstehen, dass unsere Strukturen, Veränderung benötigen. Benötigen, um unser eigenes Göttliches Licht zu entflammen. Den Göttlichen Kern, der in uns eingepflanzt ist, zu erwecken, zur Blüte zu geleiten. Erkennen und annehmen, hat doch jeder einen einzigartigen Göttlichen Kern. Andersartigkeit tolerieren, jeglichen Menschen annehmen. Annehmen mit all seinen Unbequemlichkeiten, mit all seinen Riten. Aufnehmen in die Gemeinschaft, aufnehmen ja, jedoch nicht sein Ego stärken, sondern seine Seele. Unsere Seele fordert Aufrichtigkeit, Wahrheit!

Die Seele anschauen setzt voraus: lernen und zu wissen, dass es da eine Seele gibt. Die Seele, die es ausmacht, überhaupt einen beherzten Verbund auf Erden einzugehen. Beherzt, ja, aus der Liebe heraus und nicht aus den Verstand. Den Verstand mit der Liebe vereint, somit weg von Macht und Rum, hin zur Liebe. Liebe, das Manna, das uns nährt. Bedenke, Liebe hat nichts mit lieb sein zu tun. Das Sprichwort: „Das was du nicht willst, was man dir antut, das füge auch nicht einem Anderen zu!“ Dieses Sprichwort gilt für dich, für mich und auch für dein oder mein Gegenüber. Das heißt: Spüre, höre und schaue genau hin, ob dir jemand etwas Gutes tut, oder ob er sich etwas Gutes tut und zwar auf deine Kosten!“ Das heißt auch: „Auch ich selbst nehme mich in die Pflicht und überprüfe mein Handeln!“ Füge ich Gutes zu?

Wissen, auf der Erde benötigen wir das Licht. Das Licht, das die Dunkelheit bricht. Das Licht das jede kleinste Ritze ausleuchtet. Ein Erkennen was Dunkelheit ist, denn nur dann gibt es die Möglichkeit sich zu Distanzieren. Distanzieren von dem erloschenen Licht, von der Dunkelheit, von den sogenannten bösen Mächten.

Meditation

Kehre ein, ein in dein Sein. Stelle dir dein Herz vor. Wie sieht es aus? Ist es ganz oder gebrochen? Vielleicht fehlt ein Stück? Ist es hart oder weich, hell oder dunkel? So wie du dein Herz sehen und fühlen darfst, so ist es gut. So ist der jetzige Stand. – Pause –

Fülle dein Herz mit Licht. Stelle dir vor, dass mit jedem Atemzug das Licht in deinem Herzen, mehr und mehr, entflammt. Atme ein, atme aus und entzünde über deinen Atem, willentlich, mehr und mehr, dein Licht, sodass das Licht mit der Zeit dein ganzes Herz ausfüllt. Wie fühlt sich dies an? Was denkst du? Pause

Dein Herz voller Licht, es strahlt, du atmest es tief ein. Ein und aus, ein und aus. Das Licht wird immer lichter, es strahlt und fließt vielleicht inzwischen aus deinem Herzen heraus. – Pause -

Es strahlt nochmals lichter und lichter, heller und heller, weit hinaus. Hinaus, in die ganze Welt hinein. – Pause –

Das Licht, das in dir wohnt, ist dein „Göttlicher Kern". Du alleine entscheidest, du alleine hast es in der Hand. In der Hand, diesen, deinen „Göttlichen Kern" zu erkennen, mit ihm zu arbeiten, ihn aufrecht zu erhalten, wachsen zu lassen. Ihn in diese Welt einzugeben.

Kratz an deiner Schale

(Kathi Stimmer-Salzeder 1996/97) auf CD/MC „Von innen raus" KS1,
1999 Musik und Wort, 84544 Aschau Inn

Kratz an deiner Schale, schau mal, wo du bist,
such doch nach den guten Kern, der da in dir ist.
Sei einfach du selber, ganz von innen raus.
Nimm dich an und sag dir: „Ja, so seh' ich aus!"

Tu dir etwas Gutes, hab dich selber gern.
Du bist eine Welt für sich, grad so wie ein Stern.
Und so darfst du leuchten, ganz von innen raus.
Nimm dich an und sag dir: „Ja so seh' ich aus!"

Schenk dir mal ein Lachen, schau, wie gut das tut.
Spür' den tiefen Atem und den neuen Mut.
Lass die Seele leben ganz von innen raus.
Nimm dich an und sag dir: „ Ja so seh' ich aus!"

„Nachdenken, nachsinnen, überlegen, meditieren“

Beruhigung des Geistes, in sich kehren, sich sammeln, meditieren. Still und leer werden, im Hier und Jetzt sein. Ohne Absicht beobachten, was sich im Inneren zeigt. Zu sich selbst kommen, sich entspannen, sich selbst spüren, sich selbst betrachten, Stress und Druck abbauen. Einssein, Einssein mit sich selbst, der Welt und mit Gott. Ruhe kehrt ein!

Ein bewusstes Wahrnehmen von Bildern, Gedanken, Gefühlen, bringt neue Kraft, stärkt Selbstvertrauen, bringt Gelassenheit, auch eine Freiheit. Die eigene Fülle, im Inneren sehen, erleben. Ein Eintauchen, eintauchen in tiefere Bewusstseinsebenen, die so nicht oder nur selten erreicht werden. Ein Erkennen, jeder Mensch ist einzigartig, anders und jeder ist auf der Suche. Mensch ist Körper, Geist und Seele, hat einen Göttlichen Kern. Die innere Stimme und auch die inneren Bilder stammen von unserem Göttlichen Geist. In der Ruhe oder in der Meditation können wir vieles erkennen.

Erkennen, hier auf dieser Erde bewohnen wir einen Planeten mit verschiedenen Polen. Das heißt doch auch, jeder Pol wird benötigt, um zu erkennen, wo stehe ich, schaffe ich hin zum Guten, oder lasse ich mich noch immer auf die dunklen Mächte, Kräfte ein. Jeder Einzelne kann mithelfen, mithelfen Gutes anzustreben, sodass sich diese, unsere Erde, mehr und mehr, hin zum Guten entwickelt! (Saulus, dann Paulus! Eine gewaltige Veränderung!)

Gerade in diesen bewegten Zeiten sind Meditationen so wichtig, sie können für uns Menschen ein Ruhepol sein. Es tut gut wieder zu sich zu kommen, wieder eine Beziehung zu sich selbst aufbauen zu können. Auch ein Erleben, dass wir nicht nur die Spielbälle des äußeren Lebens sind.
Den eignen Reichtum in der Meditation erleben, sehen, spüren, hilft wieder in die eigene Mitte, mit dem eigenen Herzen in Einklang zu kommen. Sich entspannen, lernen Stress und Druck abzubauen. Verstehen, was bringt die Kraft, stärkt Selbstvertrauen, bringt Gelassenheit und auch die Freiheit.

Zu erfahren, dass sich das eigene Bewusstsein ausdehnen kann, über den eigenen Körper hinaus, wissen: „Ich bin mit meinem Bewusstsein frei!“ Diese Erfahrung ist nicht nur interessant, sie führt uns Menschen in eine ganz besondere Größe hinein, hin zum eigenen Göttlichen Kern. Sie führt uns zur eigenen Quelle. Lässt erkennen, wann und warum ist sie versiegt, wie kann sie wieder zum Leben erweckt werden?

Während einer Meditation auch das bewusste, achtsame Atmen praktizieren. Erleben, über den achtsamen Atem kann ich wieder ganz leicht zu mir selbst kommen. Dieses Wissen in den Alltag einbauen.

Achtsames Atmen, in jedem Augenblick. Wann immer du merken solltest, du bist nicht ganz in den Raum, in dem dein Körper eigentlich ist. Immer dann, wenn sich ein unerträglicher Stress und Druck aufbaut. Immer dann wenn ich Kraft tanken möchte. Immer dann, wenn wichtige Entscheidungen anstehen. Immer dann, wenn ich nicht weiter weiß. Immer dann, wenn … .

Habe ich zu einem Thema Fragen, möchte ich etwas bearbeiten, gehe ich damit in die Meditation. Dort erlebe ich immer und immer wieder: „Mir wird gegeben!" Plötzliches Wissen und Wahrheiten strömen zu mir, es ist alles bei mir was ich brauche. Meditation, ein Werkzeug, Hilfe zur Selbsthilfe.

Über die Meditation einen Weg finden, heraus finden: „Wie geht es mir?" Wie geht es mir körperlich? Wie geht es mir emotional? Wie geht es mir mental? Wie nehme ich mich wahr? Sehe ich auch mein Umfeld?

Unerlöste Teile erlösen, verstehen wer oder was hat mich geprägt. Ein Bewusstwerden, alle stehen wir in einem Verbund, schreiten im Kollektiv voran, oder bleiben zusammen stehen und gehen auch so manches Mal gemeinsam zurück.
Trage ich immer noch die Angst in mir? Gehört sie zu mir? Gehört sie zu meinen Eltern oder gehört sie noch viel weiter zurück. Vielleicht in den Krieg? Oder trage ich die Angst in mir, da wir Menschen aus dem Paradies verbannt wurden und dort noch nicht wieder angekommen sind?

Mich einfach nur leer machen. Alles ziehen lassen, jeden Gedanken und auch jedes Bild. Keine Fragen stellen, keine Antworten hören. Einfach nur behutsames, achtsames Atmen. Achtsames Atmen und Ruhe. Einfach nur Ruhe, sein, einfach nur sein!

Meditation

Kehre ein, ein in dein Sein. Spüre nach, spüre in den Raum, in dem dein Körper eigentlich zu hause ist. Du denkst dich wo anders hin? Atme aus, atme die

Gedanken aus, atme die Bilder aus, die vielleicht in dir noch wirken. Praktiziere bewusst das achtsame, ruhige Atmen. Atme aus, verweile einen Augenblick in der Ruhe, atme aus. Atme ein und aus, leise und ruhig. Über den achtsamen, ruhigen Atem kommst du, leicht zu dir selbst. – Pause -

Prüfe nach, bist du ganz in den Raum, in deinen Körper angekommen? Spüre deine Lungen, den Raum in dir und gebe den Geist, der du bist Raum, Raum in dir selbst. – Pause -

Atme aus, verweile, atme ein, atme aus. Der Atem strömt ganz von selbst in dich hinein. Vielleicht atmest du viel zu viel ein. Deshalb atme aus. Atme aus, atme aus! - Pause -

Und wann immer du bemerkst, du bist, mit deinen Gedanken, in der Vergangenheit oder in der Zukunft, dann schließe deine Augen und atme aus! Atme aus! - Pause –

Ganz ruhig langsam, normal ausatmen. Achtsam, ruhig, ausatmen, behutsam einatmen. Bedenke, jetzt atmest du, es gibt in Wahrheit nur den Augenblick, das Jetzt. Das Jetzt! – Pause –

Beendige hier diese Meditation und übe sie mehrmals! Nimm erst dann den folgenden Teil in deine Meditation auf!

Atme ein und lenke deinen Atem, während du ausatmest in deine Zehen hinein. Atme, während du ausatmest in deine Zehen hinein. In deine Zehen hinein! – Pause -

Atme in deine rechte Ferse hinein, langsam, ruhig einatmen und hin zu deiner Verse ausatmen. – Pause – Fühle nach. Atme jetzt in die linke Ferse hinein. Spüre, wie du dadurch deinen Körper mehr ausfüllst! – Pause -

Atme in deinen rechten, dann in den linken Spann hinein, atme nach und nach, in jeden Knochen hinein, in jedes Organ, in deinen Blutkreislauf, in alle deine Zellen. Spüre dabei wie sich dein Körper, mehr und mehr, mit Leben füllt, wie du dich, mehr und mehr, spüren kannst. Atme auch in dein Gehirn hinein. Achtsam, ruhig, ein-, ausatmen, achtsam, ruhig, ein, aus. Es kann sein, dass du deinen Körper in einem hellen Licht erlebst. Verweile und genieße! – Pause -

All deine Aufmerksamkeit richtet sich jetzt auf deine Emotionen. Was kommt da hoch? Wie fühlt es sich an, sich selbst zu spüren, den eigenen Körper als Licht zu erleben? Was kommt in Schwingung? Wie geht es dir mental? Welche Erfahrung kannst du jetzt sammeln? - Pause -

Gottes Stimme hören

Gott schenkte uns das Leben. Er schuf den Menschen nach seinem Ebenbild und er nennt uns seine Gotteskinder. Wenn wir seine Gotteskinder sind, heißt dies auch, dass Gott in uns wohnt, denn er ist unser Vater. Liebes Menschenkind, liebes Gotteskind nimm dir Zeit und erforsche dich selbst. Erforsche dich und lasse nichts aus, denn auf Erden bleibt hierfür nur eine begrenzte Zeit. Innere Stimme, Gott in dir, Höheres Selbst, nenne es so wie es dir gut tut.

Ein Hineinhören, Hineinschauen, Hineinfühlen bedarf Zeit und Ruhe. In der Ruhe liegt die Kraft, das kennen wir schon. Über die Ruhe finden wir zu uns. Die Ruhe führt uns hinein in uns, zeigt uns unsere inneren Bilder, unseren inneren Reichtum. Im Inneren ist unsere innere Stimme zu hören, die uns so manches Mal Hilfe war, mit uns gesprochen, diskutiert, uns abgehalten, gewarnt hat. Unsere innere Stimme meldet sich ganz leise und jeder kann einen Zugang zu ihr finden. Hierfür bedarf es lediglich eine Bereitschaft, also ein Wollen, Geduld und der Glaube an dich selbst, ein Vertrauen auch, ein Selbstvertrauen, ein Gottvertrauen.

Erlaubst du dir selbst eine Zusammenarbeit mit Gott, mit deiner Geistigen Führung, deinem „Göttlich, Geistigen Ich", dann ist dies ein Garant für dich. Ein Garant für dich, für mich einen autonomen Platz, deinen, meinen autonomen Platz auf Erden zu finden und einzunehmen. Hast du deinen Platz auf Erden eingenommen, eingenommen mit allem was dazu gehört, dann kannst und wirst du deine Berufung erkennen und auch leben. Erkennen, annehmen, nämlich die eigene Aufgabe, die es zu erfüllen gilt.

Hier auf Erden geht es weder um Schuld noch um Unschuld, sondern um lernen. Lernen, Haltung für sich selbst einzunehmen, das Leben in Liebe anzunehmen und zu leben. Haltung für sich selbst einnehmen ist schwer, denn wir Menschen müssen dafür etwas tun. Die Augen offen halten, die Dinge, die sich zeigen, anschauen, anhören, fühlen und dementsprechend handeln. Handeln, so wie es in der jeweiligen Situation angebracht ist. Sich beleidigt zurückzuziehen hilft uns selbst nicht und genauso wenig unserem Gegenüber. Wichtig, immer wieder ein Kommunizieren. Klar kommunizieren was ich will, was ich nicht will, was ich meine, was ich nicht meine. Kommunizieren weshalb ich so oder so handle, warum ich mich so verhalte, warum ich so denke. Entscheidungen treffen, wieder in sich hineinschauen, hinein spüren, hineinhören, um dann nicht nur festzustellen, was nicht gut tut, oder was gut tut, sondern dafür auch einstehen. Dafür einstehen heißt: aufrichtig, ehrlich, gewissenhaft und verantwortungsvoll zu handeln. Ein klares „Stopp“, ein klares „Nein“ oder ein klares „Ja“ aussprechen. Für mich selbst einstehen, mich selbst ehren und achten, mich selbst annehmen, mich selbst lieben, für mein eigenes Leben Verantwortung übernehmen, kein Mitläufer zu sein, sondern ein Individuum, ein Gotteskind. Ein Gotteskind das die Stimme Gottes hört. Jeder Mensch, der fähig ist sich selbst zu lieben, kann auch seine Mitmenschen lieben.

Einen, seinen Autonomen Platz einzunehmen bedeutet auch, dass es immer wieder vorkommen kann, dass du dich für etwas einsetzen musst. Einsetzen musst, obwohl alle dagegen sind und sie dir ein schlechtes Gewissen einjagen möchten. Dich vielleicht als Sündenbock hernehmen und über dich herziehen und lästern. Jedoch, wenn du dich für eine Sache einsetzt, die letztendlich etwas zum Vorschein bringt, was angeschaut werden möchte, angeschaut werden muss, damit früher oder später Gutes geschehen kann, dann bist du nicht ein Sündenbock, sondern ein geheiligter Sündenbock. Ein geheiligter Sündenbock zu sein, setzt Stärke, Kraft, Mut und vor allen Dingen Liebe zu sich selbst und zum Mitmenschen voraus.

Meditation

Kehre ein, ein in dein Sein. Blicke auf dein Leben zurück! Wann hättest du dich zurückziehen müssen, jedoch den geschützten Raum, der dafür nötig gewesen wäre, nicht gefunden? Erkenne diese Situation an! Was könntest du, im Nachhinein, heute anders machen, damit es dir mit dieser Situation gut gehen kann?

Schaue dir dein Leben jetzt an! Gibt es eine Situation, für die du Abstand benötigst? Wie kannst du dir einen Freiraum schaffen, sodass möglichst geringe Verletzungen geschehen?

Hast du dich schon einmal als Sündenbock oder sogar als geheiligter Sündenbock gesehen, gefühlt? Erkenne diese Situation(en) an. Erkenne deine Größe an!

Körper, Geist und Seele

Der Mensch ist nicht irgendeine Schöpfung. Mensch ist Körper, Geist und Seele. Er hat einen Körper, einen Verstand, verfügt über Wissen, Weisheit, hat die Fähigkeit lieben zu können, hat einen freien Willen und hat auch Schöpferkraft. Unser Geist erinnert uns daran, wer wir sind. Eben nicht nur Seele in diesem, Körper, mit all den Organen, mit einem Gehirn. Mensch ist weit mehr als die Erbanlage von Mutter und Vater, zusammen mit den äußeren Einflüssen und Eindrücken. Da gibt es auch noch dieses „Höhere, Göttliche, Geistige Ich". Von ihm kommt jene Kraft, die uns so manches Mal Trost und Durchhaltevermögen schenkt.

Der Geist vermag uns die Nahrung zu geben, die benötigt wird, den Schutz den es immer wieder braucht, zu wissen wer ich bin, der Glaube an mich selbst, der mich doch immer wieder beflügelt, Kraft und Hoffnung schöpfen lässt. Der Geist erinnert uns, was es heißt auch das „Göttliche" in sich zu tragen. Alle Menschen als Seele, als Göttliche, Geistige Wesen zu erkennen. Als Teile des Ganzen zu sehen. Zu wissen, das Schicksal des einen hat letztendlich Auswirkung auf alle und fließt in das kollektive Menschheitsbewusstsein ein. Es wird gespeichert in der Seele, in der Gemeinschaftsseele, im Gedächtnisspeicher der Erde, auf das alle Menschen einen Zugriff haben, ganz unbewusst.

Wir sind mit allen Wesenseinheiten verbunden, vertikal und horizontal. Unser Geist durchdringt alles, er kennt keine Begrenzung. Jeder Einzelne kann selbst sein eigenes Bewusstsein ausdehnen. Ausdehnen in das Seelische, in das Höhere Geistige hinein. D.h. jeder Einzelne ist in der Lage, nicht nur mit seiner eigenen Seele, mit dem eigenen „Geistigen, Göttlichen Ich" kommunizieren zu können, sondern auch mit den Helfern, den Wesenseinheiten, die sich auf dieser Ebene repräsentieren. Den unsichtbaren Helfern, den unsichtbaren Wesenseinheiten. Unser Geist sendet uns Impulse, Gedanken und auch Bilder. Unser Geist verbunden mit der Allumfassenden Kraft, Allumfassenden Liebe, mit der bedingungslosen Liebe, ich nenne es Gott, Ursprung, Wurzel.

Jedoch gibt es da auf Erden auch noch andere Kräfte, dunkle Mächte, Energien, die mit dem Verstand, sich und anderen, den Zugang verwehren. Den Zugang zum Licht, zu Gott Vater, Gott Sohn, Gott Heiligen Geist. Sie werben und locken mit Dingen, mit Dingen die vergehen und zurück bleibt nur der Schmerz. Der Schmerz, der im Inneren den Menschen quält. Somit kann und muss der Mensch erfühlen, was ihm doch eigentlich fehlt. Es war und ist immer die Liebe, der Glaube, was letztendlich zählt. Zählt um ein geheilter, ein heiliger Mensch sein zu können. Nämlich nicht nur mit dem Verstand, sondern mit dem Herzen und auch mit der Seele vereint. Die Seele, die die Göttlichkeit einbringt in unser Leben. Leben ohne Göttlichkeit würde einfach nur vergehen, könnte nicht weiter bestehen. Es ist wichtig zu hinterfragen, zu fühlen, zu spüren, zu erkennen
„Gehe ich mit dem Licht, dem Licht, das die Dunkelheit bricht?"

Jede Entscheidung von mir bedeutet entweder ich gehe mit dem Licht, oder ich unterstütze mein Ego, die dunklen Mächte. Dem Licht, Gott zu folgen, setzt voraus, die Zusammenhänge des eigenen Seins zu erforschen, zu verstehen. Dies beginnt in unserer Körperlichkeit. Denn dort haben sich, über die menschlichen Verwirrungen und Verirrungen, die Energien verfestigt und blockieren somit uns Menschen. Gezeigt wird dies über die sogenannten Blockaden, Schmerzen, physischen und psychischen Krankheiten, die im menschlichen Körper all zu gerne einziehen. Jeder Schmerz, jede Krankheit, jegliche Angst, einfach jede Blockade verbirgt das Licht.

Wohin soll ich mich wenden, wenn Gram und Schmerz mich drücken? Sprich nur ein Wort und meine Seele wird gesund! So viele Verletzungen, verwundet und ohnmächtig. Der Schmerz sitzt so tief, nein, noch viel tiefer und tut so weh, sodass der Mensch, erstmals, nicht hinschauen, nicht hinhören und schon gar nicht hin fühlen vermag. Nicht hin fühlen zu seinen Wunden. Jede Wunde möchte jedoch, nicht nur gesehen, sondern geleckt werden. Ja geleckt! Hierfür ist ein Fühlen, ein Sehen, ein Hinwenden nötig. Hinwendung ist zugleich Fürsorge, Liebe. Ich bin es wert!

Jede Verletzung hinterlässt einen Schmerz, so manches Mal einen tiefen, tiefen Schmerz, den wir einfach nicht mehr ertragen möchten, deshalb distanziert sich der Mensch all zu gerne von seinen Gefühlen. Das Herz wird mit der Zeit hart, der Weg, wieder hin zu den Gefühlen, auf einmal schwer. Es schleichen sich immer mehr Verirrungen und Verwirrungen ein, ungute Gedanken, ungute Energien entstehen. Quälende Gedanken, Schmerzen, vielleicht melden sich physische und psychische Krankheiten an. Der Weg hin zum Gefühl kann jetzt anstrengend sein. Oftmals will uns ein Hinschauen, ein Hin spüren, ein Hinhören erst über einen erneuten Schmerz, über eine erneute Krankheit, über einen Verlust, über eine Schmach gelingen. Der Mensch ist doch so sehr darauf bedacht, keine Gefühle zu zeigen. Keine Schwäche, keine Tränen dürfen der Welt dargeboten werden. Der Schmerz jedoch und auch das Leid, zwingen uns Menschen, immer wieder, in die Knie.

Der Schmerz kann bedeuten: loslassen, losweinen, hingeben, alle Gefühle dürfen herausbrechen, kein Gefühl mehr im Zaum halten, nicht mehr alles im Griff haben müssen. Fühlen, sich wieder fühlen mit all den Schwächen, mit all dem Leid, der Angst, mit all den Stärken, mit all der Kraft. Ja, der Schmerz, die Krankheit, die Scham, die Schmach und auch die Angst haben die Aufgabe die Gefühle zu erwecken, sich selbst ehren, achten und lieben lernen. Sich selbst anzuerkennen. Weinen und lachen, lieben und trauern, ausprobieren, erforschen, suchen und finden, Verständnis zeigen, mitfühlen können, loslassen. Denn genau das macht einen Menschen aus, der seine Göttlichkeit sucht. Über die Gefühle kommen wir in die Demut, Barmherzigkeit, Liebe, zu Gott.

Keine Angst, hier darf sich jeder, ausnahmslos jeder Mensch einreihen, denn keiner, kein einziger kommt hier auf Erden als Vollkommen an. Hat uns doch unser Herrgott auf Erden gesandt, damit wir zusammen forschen, üben, lernen. Lernen was es heißt „Einssein“, „Einssein mit Gott!“
Dafür hat er uns einen Körper geschenkt, mit all den Organen, einen Geist und eine Seele. Unser Körper soll der Tempel sein, der Tempel, indem wir Gott Vater, Gott Sohn und Gott Heiliger Geist, immer wieder empfangen dürfen. Also halte deinen Körper rein!

Unser Körper ist der Tempel für unseren Geist! Diesen Satz kennen wir, dennoch behandeln wir ihn oftmals stiefmütterlich. Sollten wir ihn doch täglich hegen und pflegen, reinigen. Er ist doch unser Gefährt, das uns hier auf Erden, durch unser Leben fährt.

Meditation

Kehre ein, ein in dein Sein. Atme alle Gedanken aus, atme alle Bilder aus, atme aus! Konzentriere dich auf deinen Körper. Wie fühlt er sich an? – Pause -

Wo sitzen die Blockaden? – Pause – Warum haben sich Blockaden gebildet? – Pause –

Wer oder was steckt hinter den Blockaden? Ist es Wut, Zorn, Trauer oder sogar Hass? Hättest du etwas aussprechen sollen? Haltung für dich einnehmen müssen? Ja oder Nein sagen sollen? Hast du etwas unterstützt, was du lieber nicht unterstützen wolltest? Einen Auftrag übernommen, der nicht für dich bestimmt war? Etwas getragen, geduldet, was nicht für dich bestimmt war? Etwas ausgehalten? Hast du dich selbst missachtet, misshandelt, missbraucht? Hast du dir etwas vorgemacht, nicht hören, sehen, fühlen wollen? Pause –

Ein innerer Krieg? Verbirgt sich dort Macht? Oder eine Verletzung, die niemals gesehen wurde, oder die du niemals sehen wolltest? Vielleicht ist es ein nicht loslassen wollen? Nur du allein weißt, was sich hinter dieser Blockade verbirgt.

Fokussiere eine Blockade in deinem Körper, lade das Göttliche Licht ein und nähre diese Blockade mit dem Göttlichen Licht! – Pause –

Was geschieht? Was fühlst du? Was siehst du? Was hörst du? Nimm dir Zeit und lade noch mehr Licht ein. - Pause –

Welche Gedanken gehen dir durch den Kopf?

Was kannst du im Außen, in deinem Alltag verändern, damit es dieser Blockade besser geht? Damit sich diese Blockade mehr und mehr auflösen kann. Trete in Aktion!

Stelle dir vor, dass du all die Energie, die dir nicht gut tut, die du im täglichen Leben automatisch aufnimmst, aus deinen Körper herausfließen lässt. Stattdessen visualisiere, wie du das Göttliche Licht aufnimmst.

Gottes Sohn

Gott hat uns seinen Sohn, sein Licht auf Erden geschickt, um uns zu lehren, uns zu erlösen. Gott hat somit nicht nur die Gestalt Mensch angenommen, sondern er war Mensch und er war Gott zu gleich. Er hat uns Menschen die Türe hin zu unserem Schöpfer, durch die Geburt von Jesus Christus, ganz und gar geöffnet. Eine Möglichkeit war geschaffen worden, eine Möglichkeit direkt mit Gott in Beziehung zu gehen. In Beziehung von Mensch zu Mensch und dennoch von Gott zu Mensch und von Mensch zu Gott. Ein reger Austausch mit den

Menschen war möglich. Gott durch Jesus Christus für uns Menschen zum Anfassen. Gottes Gnade drückt sich in dieser Möglichkeit aus. Seine Liebe zu uns Menschen hat er so auf Erden manifestiert, uns an seiner Weisheit teilhaben lassen. Durch seine Menschwerdung hat er praktiziert, dass sich jegliche Trennung aufheben möge. Die Trennung, dass hier das irdisch und täglich Materielle und an anderer Stelle das Göttlich Geistige ist. Ein Ausdruck, dass sich das Göttliche im Irdischen zu offenbaren wünscht, sodass das Prinzip der Trennung keine Macht mehr hat, Gottes Gesetz des „All eins sein“ sich vergegenwärtigt und allgegenwärtige Realität ist.

Wenn wir Menschen uns Gott zuwenden, können wir spüren wie sich in uns der Raum füllt, wie sehr er uns entgegenkommt. Es entsteht jedes Mal eine Möglichkeit, dass das Göttliche das Irdische berührt. So kann Gott hin zu uns wirken, einwirken, uns leiten und begleiten. Von einer universellen Kraft getragen, geführt, in dessen Dienst ich mich stellen darf, es ist mein eigener Wille. Mein eigener Wille, im Einklang des universellen Geistes zu leben. Gott wohnt in uns Menschen, jeder entscheidet selbst, wie weit er seinen Göttlichen Funken nutzt und somit, mehr und mehr, mit Gott gehen möchte.

Meditation

Kehre ein, ein in dein Sein. Wende dich hin zu deinem Schöpfer! Verbinde dich mit deinem Herzen, mit der Liebe von Jesus Christus. Stelle es dir ganz intensiv vor, sodass es dir gelingen kann. – Pause –

Stelle dich hinein in seine Christuskraft. Stelle dir so intensiv wie möglich vor, dass er dir nah, physisch nah ist und dich berührt. – Pause –

Wo und wie, an deinem Körper, kannst du die Berührung spüren? Was geschieht in deinen Emotionen? Was kommt in dir in Schwingung? Und was geschieht in deinem Denken, wenn Jesus, wenn Gott, das Licht, was er ist, dich bedingungslos liebend, in seine Arme nimmt? – Pause –

Nimm in dich auf, dieses Licht, diese universelle Kraft, diese Hilfe zur klaren Sicht. Je öfter du so einen intensiven Kontakt mit Gott herstellst, umso mehr tust du für dich. Umso mehr du für dich tust, um so mehr tust du für deine Mitmenschen und für die Welt! Was heißt das?

Unser Schöpfer

Unser Schöpfer hat uns seinen Sohn als Baby auf Erden gesandt. Ein Mensch, nämlich die Mutter Gottes Maria, hat ihn in ihrem Leib ausgetragen. Während der Schwangerschaft mussten sie fliehen, sie wurden verraten, verfolgt. Es war eine angstvolle, lebensbedrohende Zeit. Kein Hab und kein Gut. Wie jeder Mensch, so ist auch er, Jesus, unter Wehen geboren worden. Nackt, hilfsbedürftig und hungrig.
Im Stall zu Bethlehem, bei den Tieren, hat er das Licht der Welt erblickt. Sein Vater, Josef, war nicht sein leiblicher Vater. In der damaligen Zeit ein großes Problem. Diese problematischen Situationen zu überstehen war schwer. Alles nur Möglich, weil sie ihr Schicksal angenommen haben. Maria und Josef haben zugestimmt, all das Leid, jede Hürde auf sich zu nehmen. Das Kind zu bekommen, es zu beschützen, zu sorgen und vieles noch mehr. Sie haben bedingungslose Liebe in diese Welt eingegeben, sie haben uns gezeigt, wenn man den geraden Weg, wenn man mit Gott geht, verlischt niemals das Licht. Im Gegenteil es leuchtet immer mehr. Vorbilder für uns Menschen.

Jeder, egal was ihm widerfährt, hat die Möglichkeit mit dem Licht, mit Gott zu gehen. Da gibt es keine Ausreden. Wir müssen uns nicht gegenseitig rechtfertigen. Allein unser eigener Wille entscheidet welchen Weg ich einschlage. Jeden Tag, immer wieder aufs Neue kann ich wählen, kann ich mich neu entscheiden. Neu entscheiden ob ich mit Gott gehe. Auch Mühsal auf mich nehme, mich nicht scheue all die Probleme, denen ich ausgesetzt bin, zu überwinden, mich nicht abbringen lasse. Nicht abbringen lasse vom hell erleuchteten Weg. Zu verzeihen, immer wieder zu verzeihen, mir selbst und auch meinen Mitmenschen.

Krisen

Der Mensch will von einer Krise nichts hören, nichts sehen, nichts fühlen. Dennoch sind Krisen so wichtig. Zwingt sie doch den Menschen regelrecht in die Knie. Zunächst will der Mensch dies ganz und gar nicht wahrhaben. Er sträubt sich mit Händen und Füßen. Ja er spielt sich und der Welt etwas vor und er will es beweisen, beweisen, dass er sich nicht so ohne weiteres unterkriegen lässt. Eine ganze Weile strampelt er voller Hoffnung weiter, so als ob gar nichts geschehen wäre. Zeigt auch keine Bereitschaft, keine Bereitschaft irgendetwas zu verändern. Er redet es sich, immer und immer, wieder ein: „Morgen wird es bestimmt wieder anders, vielleicht so gar besser sein!" Die Krise muss erst noch viel größer werden, bis er endlich bereit ist, den jetzigen Lebensabschnitt anzuschauen, zu durchleuchten.

Liebes Gotteskind alles kann so sein wie du es dir wünscht, jedoch müsstest du dir andere Fragen stellen. Fragen wie z.B.: „Kann ich mein Leben neu ordnen, mich neu strukturieren?" Ja, das kann alles sein! Neue Bilder kreieren, damit die alten ziehen können, damit eine andere Denkweise, neue Strukturen aufgebaut werden, Verhalten verändert werden kann, neue Gefühle entstehen, die Liebe einzieht, Heilung geschieht.

Krisen, Lebenskrisen können entstehen, wenn der Mensch seinen Arbeitsplatz und / oder sein Hab und Gut verliert, die Kinder schlechte Noten schreiben, wenn alles nur schlecht geredet wird, Erziehungsprobleme den Alltag verdunkeln, die Scheidung sich endgültig zeigt, der Mensch von einer schweren Krankheit heimgesucht wird, ein Todesfall in der Familie eintritt, Menschen ausgeschlossen werden usw.

Vielleicht bist du längst des Streitens müde, hast alles probiert den Streit aus dem Weg zu gehen. Alle Vorsätze, alle Selbstvorwürfe, nichts hilft. Die ständigen Schuldzuweisungen. Der Streit schleicht sich immer wieder ein. Suchen, woher kommt der Streit. Finden, woher kommt der Friede?

Eine Krise führt den Menschen in einen absoluten Ausnahmezustand hinein. Wie das Wort schon sagt, der Mensch wird ausnahmslos herausgenommen, herausgenommen aus seinem gewohnten Leben. Er ist außer sich, er weiß nicht wie er sich weiterbewegen soll, kann oder überhaupt will. Wir Menschen wollen von einer Krise nichts hören, sehen, fühlen, dennoch sind Krisen so wichtig. Sie verdienen unsere ganze Aufmerksamkeit. Zwingt sie doch uns Menschen regelrecht in die Knie.

Wie so eben schon erwähnt, erst ein Sträuben mit Händen und Füßen. Der Mensch macht sich und der Welt etwas vor. Er will es beweisen, er lässt sich nicht so ohne Weiteres unterkriegen. Eine ganze Weile strampelt er voller Hoffnung weiter, so als ob gar nichts geschehen wäre, zeigt keine Bereitschaft irgendetwas zu verändern. Er redet es sich immer und immer wieder ein: „Morgen wird es bestimmt wieder anders, vielleicht sogar besser sein!"

Die Krise muss erst noch viel größer werden, bis er endlich bereit ist, eine Krise zu sehen. Mal zu schauen, fühlen, überlegen: „Was mache ich eigentlich hier, hier auf dieser Welt?" „Warum bin ich an diesem Ort, genau mit diesen Menschen, mit dieser Frau, mit diesem Mann, mit diesen Kindern, mit diesen Eltern, mit dieser Schwester, mit diesem Bruder, mit diesen Freunden, mit diesen Feinden, mit dieser Krise?" Warum?

Warum kann ich nicht einfach nur genießen, mich freuen und zwar mit einen guten Gewissen nehmen und geben, mich hingeben, mich annehmen, inneren Frieden finden, mich selbst, meine Familie und vielleicht sogar die ganze Welt lieben? Es wäre doch so schön, so einfach. Warum ist es nicht so? Mit einem „Warum" kommen wir nicht weiter. Wie kann ich mich, mein Verhalten verändern, mir neue Bilder kreieren, damit Frieden einkehrt? Wie kann ich Einfluss auf meine Strukturen nehmen? Wie kann der Frieden einkehren?

Neue Bilder kreieren, damit die alten ziehen können, damit eine andere Denkweise, neue Strukturen aufgebaut werden können, Verhalten verändert wird, Gefühle entstehen, die Liebe einzieht, Heilung geschieht.

Meditation

Kehre ein, ein in dein Sein! Krise, Krise, Krise. Warum wurdest du beschenkt? Warum ist die Krise, in der du jetzt, in diesem Moment verweilst, ein Geschenk? Formuliere deine Krise! – Pause –
Schreibe dir diese Formulierung auf! Kehre danach wieder ein, ein in dein Sein!

Nimm Kontakt mit deinem Geistigen, Göttliche Selbst auf! Stelle die Frage, warum diese Krise so, so, so wichtig für dich ist? Was darfst du, sollst du, kannst du lernen?
Welche Schritte werden von dir gefordert? Gefordert, damit eine Veränderung

herbeigeführt werden kann? Was kann endlich ans Licht gebracht werden? Was wurde so lange übersehen, geschluckt, weggedrückt, vergessen, verschwiegen, verdrängt, nicht ausgesprochen? Was wolltest du nicht wahr haben? – Pause – Schreibe dir alles auf!

Was kann Neues geschehen? Was soll Neues geschehen. Weshalb ist diese Krise ein Geschenk für dich?
Es soll eine Veränderung herbeigeführt werden, in der du dein Gesicht wahren kannst. Du „ja" zu dir sagen kannst und auch willst. Stelle dir nochmals die Frage, was kann endlich ans Licht gebracht werden, was wurde so lange übersehen, geschluckt, weggedrückt, vergessen, verdrängt, was wolltest du nicht wahr haben? – Pause – Schreibe dir noch weitere Einsichten auf!

Neue Strukturen erbauen

Die Strukturen sind leider nicht immer so, so wie wir sie uns wünschen. Strukturen, die über Generationen wirken, sich eingegraben haben und automatisch ablaufen. Jeder hat so manches Mal erlebt: Augenblicke, da du dich, da ich mich allein gelassen fühlte, ich suchte und ich gar nicht wusste wonach ich suchte. Das irgendwie anders zu sein, das Außenstehen, das sich Einsam fühlen, das nicht wirklich Verstanden werden, die Widerstände, die es immer wieder gibt, den Ausschluss.

Viele Menschen flüchten dann lieber, bevor sie mithelfen. Mithelfen neue Strukturen zu errichten. Jeder Mensch kann mithelfen, dafür mit sorgen, dass die Strukturen so werden, dass darin positives Denken, liebevolle, mitfühlende Gefühle entstehen können, dass jeder eigenverantwortlich, selbst einen Weg beschreitet, in Kommunikation mit dem eigenen „Höheren Geistigen Ich" zu gehen. So kann Gemeinschaft, Gottesgemeinschaft entstehen.

Gottesgemeinschaft entsteht immer dort, wo Menschen mit ihrer eigenen Geisteskraft arbeiten und sich ihrer eigenen Fähigkeiten und auch Möglichkeiten bewusst werden. Dort kann sich ein Verständnis entwickeln. Ein Verständnis, dass jeder einzelne Mensch, mit seinem Denken und Fühlen die Wirklichkeit mit gestaltet. In jedem Gedanken, in jedem Gefühl, in jeder Handlung liegt auch Schöpferkraft, wenn es der Mensch zulässt. Die Schöpferkraft ermöglicht den Menschen, dass er die Dinge in sich selbst verändern kann, sodass er in der

Welt etwas mitgestalten kann. Er über seine bisherigen gedachten Grenzen hinauswachsen kann und auch soll, sodass er auch im Größeren und Weiteren etwas verändern kann. Einfluss nehmen kann, hier auf dieser Erde, in diesem Universum zu wirken, mit zu wirken, einzuwirken. Alte Strukturen auflösen, neue gestalten.

Das Alte wirklich sterben lassen. Erst ein Mal ein Bewusstwerden, schauen, fühlen, was noch nicht im Guten ist, was blockiert, behindert und einengt. Dann eine Bereitschaft. Eine Bereitschaft aufzulösen, neu zu programmieren. Strukturen zu errichten, in denen es leichter ist, mit höherem Wissen, mit, liebevollerer, emotionaler Kraft in Resonanz gehen zu können und hierfür die Verantwortung zu übernehmen. Und sich bewusst zu machen, hierin drückt sich Gottes Kindschaft aus.

Ein Neuprogrammieren in den Denkstrukturen, emotionalen Mustern, in der Verhaltensweise, mit dem Miteinander unter den Menschen. Das Gemeinschaftliche fördern, dennoch frei sein. Selbständigkeit, Eigenverantwortlichkeit, Selbstbewusstheit, Unabhängigkeit, mehr und mehr, bewusst anstreben, dabei das eigene Ego nicht zu sehr groß werden lassen. Mittler und Übermittler sein, die Botschaft, die es im Inneren zu suchen gilt, hören, sehen, weitergeben, Neues eingeben, mitwirken, Veränderung geschehen lassen.

Das Irdische mit dem „Göttlich Geistigen“ noch mehr verbinden. Die Verbindung, z.B. über eine Meditation, mit unserem „Göttlich, Geistigen Ich“, verändert, nach und nach, unsere Gefühle, Gedanken, unsere Sichtweise. Es kann Heilung geschehen, neue Strukturen bilden sich dann ganz von alleine. Jeder kann seine Welt verändern. Eine intensive Beschäftigung mit den inneren Bildern, der inneren Stimme, den daraus resultierenden Gefühlen, schafft Neues.

Unsere Strukturen wirken im alltäglichen Leben überall gleich. In der Familie, im Freundeskreis, im Beruf. Jedes private Problem spiegelt sich in der Arbeitswelt wieder. Bin ich zu Hause wütend, dann bin ich auch in der Berufswelt wütend. Vielleicht kann ich mich dort etwas verstellen, die Wut ist dennoch da. Das gilt ebenso bei der Aggression, der Angst, dem Frust ..., der Anteilnahme, der Barmherzigkeit, der Gnade, der Liebe.

Kommunizieren, die Wahrheit ans Licht bringen, Dinge, die nicht in Ordnung sind ansprechen, in Ordnung bringen. So kann sich ein Sinneswandel einstellen. Dinge ansprechen fällt vielen Menschen schwer. Viele leben lieber in einer selbst ausgedachten Lügenwelt. In einer Lügenwelt um gut dazustehen. Zumindest denken sie, irrtümlicher Weise, dass sie gut dastehen. Dabei schafft doch so eine Lügenwelt nur noch größere Blockaden, Verwirrung, Verirrung.

Alles was der Mensch sät, darf er auch ernten, alles was er anderen antut, das fügt er sich auch selbst zu. Und all die Liebe, die er hinaus sendet, fließt zu ihm selbst zurück. Das ist der Lauf des kosmischen Gesetzes. Sprich alles aus, alles was wichtig ist. Halte deine Fäden in deiner Hand und lasse niemanden daran ziehen. Sprich die Dinge an, die all zu gerne unter den Teppich gekehrt werden.

Wenn die Beziehungen in der Herkunftsfamilie angeschaut, verstanden, unerlöste Teile aufgelöst werden, entstehen neue Strukturen im Privatleben und im Beruf. Die Vorstellung einer Situation schafft Realität. Eine intensive Beschäftigung mit den eigenen inneren Bildern verändert die eigene Welt.

Meditation

Kehre ein, ein in dein Sein! Welche Strukturen kannst du in deiner Familie erkennen? Wird miteinander gesprochen? Gibt es einen Dialog oder eher einen Monolog in dem System, indem du lebst? Wer sagt was und wie wird es gesagt?

–Pause –

Wie fühlen sich die einzelnen Familienmitglieder? Was fühlst du? Welche Veränderung würden dir und somit allen anderen Familienmitgliedern gut tun? Betrachte dir jede einzelne Person genau! Überlege dir, was du verändern kannst! Vielleicht andere Worte wählen? Mehr oder weniger sprechen? Zuhören? Eine Berührung wagen? Dasein? Einfach nur zuschauen? Vielleicht ist momentan ein Rückzug, eine Pause nötig? – Pause -

Probiere, vor deinem geistigen Auge, jede Möglichkeit aus. Nehme dir genügend Zeit, damit du die Veränderungen sehen und auch spüren kannst. Vielleicht hörst du ja auch Stimmen, wenn ja, dann höre genau zu, damit du hören kannst was sie dir zu sagen haben! – Pause –

Was geschieht? Was fühlst du? Was denkst du? Was siehst du?
Schaue dir jetzt die Menschen aus deinem Bekannten- und Freundeskreis an und dann die Menschen im Beruf, in der Schule oder im Studium. Deine Kollegen, Angestellte, deinen Chef. Verwende jeweils das gleiche Verfahren wie oben.

Hab auch Spaß dabei! Lache, lache über dich und lache über die Menschen, über uns Menschen! Es ist doch schön, wenn du so viel erkennst, benennst und auch verändern möchtest!

Ein tiefes Loch im Gehsteig

1. Ich gehe die Straße entlang.
Da ist ein tiefes Loch im Gehsteig.
Ich falle hinein.
Ich bin verloren ... Ich bin ohne Hoffnung.
Es ist nicht meine Schuld.
Es dauert endlos, wieder herauszukommen.

2. Ich gehe dieselbe Straße entlang.
Da ist ein tiefes Loch im Gehsteig.
Ich tue so, als sähe ich es nicht.
Ich falle wieder hinein.
Ich kann nicht glauben, schon wieder am gleichen Ort zu sein.
Aber es ist nicht meine Schuld.
Immer noch dauert es sehr lange herauszukommen.

3. Ich gehe dieselbe Straße entlang.
Da ist ein tiefes Loch im Gehsteig.
Ich sehe es.
Ich falle immer noch hinein ... aus Gewohnheit.
Meine Augen sind offen.
Ich weiß wo ich bin.
Es ist meine eigne Schuld.
Ich komme sofort heraus.

4. Ich gehe dieselbe Straße entlang.
Da ist ein tiefes Loch im Gehsteig.
Ich gehe drum herum.

5. Ich gehe eine andere Straße

(aus „Das tibetische Totenbuch vom Leben und Sterben“ von Sogyal Rinpoche)

Beziehungen

Beziehungen sind unsere Grundlage um existieren zu können. Mit Menschen in Beziehung sein, so, nur so können wir Menschen überleben, uns entwickeln, weiterentwickeln. Jeder Mensch kommt aus einer Familie und die Familie ist die wichtigste Beziehung. Sie zeigt uns Möglichkeiten auf und setzt Grenzen. Jeder Mensch wird durch seine Familie geprägt, in deren Schicksale hineingeboren, hineingezogen und in eine Pflicht genommen. Unsere Eltern und deren Vorfahren sind unsere Wurzeln, unser Halt. Ihnen verdanken wir unser Leben. Von ihnen fließt die Liebe weiter, hin zu uns Kindern.
Weitere wichtige prägende Beziehungen können entstehen, mit den Verwandten, Nachbarn, Freunde, ebenso über das soziale Umfeld, im Kindergarten, in der Schule, im Berufsleben, usw., mit Menschen auf der ganzen Welt und auch mit Tieren.

Aus unseren Wurzeln fließt die Kraft, die Energie, die Kreativität, die Liebe, der Erfolg und die Gesundheit. Unsere Wurzeln, wurzeln tief, wenn wir hin zu unserer Familie eine tiefe, liebevolle Verbundenheit verspüren. Jeder von uns wurde in eine Familie hineingeboren und somit in dessen System eingebunden. In jedem System gibt es eine bestimmte Ordnung und auch gewisse Mächte die hineinwirken in unser Leben ohne dass wir dies wissen. Jeder bekommt von der Familie und jeder muss etwas eingeben. Jeder hat es schon selbst erkannt, dass zwischen den Mitgliedern einer Familie verschiedene Beziehungen bestehen, auch wenn und dies nicht gefällt, wir müssen es akzeptieren, da wir ohnehin darauf keinen Einfluss haben.
Wir Menschen, wir alle haben immer wieder Schwierigkeiten in Beziehungen und das ist gut so. Schwierigkeiten in der Beziehung zeigen uns auf, dass die Strukturen eben noch nicht so sind, dass daraus ganz automatisch ein liebevolles, ein mitfühlendes Miteinander entsteht. Jedes einzelne Mitglied trägt dazu bei. Trägt seinen Teil, seinen Anteil bei. Seinen Anteil wie sich Beziehung, innerhalb der Familie, innerhalb einer Gruppe, zeigt, anfühlt. Wie Beziehung sich verändern, gelebt werden kann. Der Familiengeist, auch der Sippengeist steuert so manches Familienmitglied, treibt es an, fordert und fördert, begrenzt und beglückt, stoppt oder erlaubt.
Jeder Mensch wird in verschiedenen Lebenssituationen hineingeführt. In jeder Situation haben wir die Möglichkeit, zu lernen, unsere Sinne zu schärfen. Mehr und mehr können wir uns vorstellen, was es heißt: „Das Schicksal des einen drückt sich über jeden Einzelnen aus!“ Eine Veränderung im System wirkt sich automatisch auf jedes einzelne Familienmitglied aus. Jeder hat Anteil an den Problemen und auch an dem Glück der anderen.

Ob wir wollen oder nicht. Ob wir uns davon abwenden, es nicht wahr haben möchten, es verleugnen, wir uns etwas vormachen, einreden. Jeder, ausnahmslos jeder hat Anteil an den Problemen und am Glück der Familie, der Sippe. Alles wirkt sich in einem viel größeren Kontext auf uns, auf die verschiedene Einzelpersonen aus. Da wir ja alle miteinander verbunden sind. Wir Menschen gehen im Verbund vorwärts, rückwärts, oder bleiben stehen.

Die Manneskraft kommt vom Vater und von den männlichen Vorfahren. Zur Frau kommt die weibliche Kraft von der Mutter und den anderen weiblichen Vorfahren. Ist das Verhältnis zwischen Mutter und Sohn, Vater und Sohn, Mutter und Tochter, Vater und Tochter gesundet, dann muss in einer Paarbeziehung nicht mehr so sehr gekämpft werden, dann kann eine Beziehung gut gelingen!

Das heißt, ein gesundes System kann entstehen, wenn erkannt wird, dass es krank ist, dass sich jeder einer Prozessarbeit unterwerfen und mit helfen muss, damit Heilung geschehen kann. Verstanden wird, dass es keinen Schuldigen gibt und dass es um Schuld nicht geht! So bald sich ein Mitglied erhebt, erhöht und denkt, es macht alles richtig und die anderen alles falsch, marschiert es, mehr und mehr, in den Hochmut hinein. Früher oder später, wird es sich selbst, auf irgendeine Art und Weise, vielleicht ganz unbewusst, vom System ausschließen. Oder das System, sei es die Familie oder eine andere Gruppe, distanziert sich von diesem Mitglied, da es, zumindest im Moment, kein Miteinander gibt. Eine Kontaktaufnahme ist immer wieder möglich, sobald das ausgeschlossene Mitglied einen Schritt auf die Familie, auf die Gruppe zugeht und sich einreiht, seinen Platz einnimmt, mit allem was dazu gehört.

Jeder, ausnahmslos jeder wird in eine Familie hineingeboren, in ein Schicksal hineingeboren. Jeder, ausnahmslos jeder hat die Möglichkeit, sogar die Pflicht, dieses Schicksal anzuerkennen, keinen Schuldigen zu suchen, sondern mitzuhelfen. Mitzuhelfen, neue Strukturen zu erbauen. Nur die süßen Früchte nehmen ist einfach, diese sind jedoch sehr schnell gegessen.

Eine gesunde Paarbeziehung zeichnet sich dadurch aus, dass das beidseitige Bemühen und auch Abmühen, gute Früchte hervorbringen. Beide, die Frau und der Mann an deren Seite, in der Position einer Kraft stehen können. In der Position einer Kraft, wenn einander ein Respekt, ein Vertrauen, ein Annehmen des Standpunktes des anderen entstanden ist. Ein gegenseitiges Helfen aufgebaut werden konnte, sodass jeder das bei sich hat, was er braucht, um seine Position klar zu erkennen und anzunehmen.

Mühsam, oft schweißgebadet, jedoch mit Liebe getränkt ist das Mithelfen. Mithelfen den Acker zu pflügen, sodass der eine und der andere Same schon gelegt werden kann. Einen kraftvollen Dünger finden, herausfinden wie viel von dem Dünger, wie viel Wasser benötigt wird. Ausprobieren, an welchem Standort gedeiht welcher Same am besten. Das Unkraut, das immer wiederkehrende Unkraut erkennen, sodass auch wirklich nur das Unkraut gejätet wird. Geduldig buckeln, hacken, nochmals düngen, wieder Unkraut jäten, Schädlinge aufspüren und diese beseitigen, aufpassen, sodass sie nicht mehr wieder kommen. Sich aufrichten, mit Stolz, Freude und in Liebe alles betrachten, um zu sehen, dass der eine und der andere Same schon aufgeht. Hoffnung, es wird gut, die Früchte werden sich zeigen. Auch süße Früchte werden wachsen.

Aushalten, wenn sich das eine oder andere Familienmitglied abwendet, weil ihm diese Arbeit viel zu mühsam, vielleicht so manches Mal unerträglich erscheint. Ein Loslassen, ein Orientieren dürfen. Im Außen herausfinden dürfen: „Wie bestellen andere Familien ihre Felder?" Selbst die Stellung halten, nicht flüchten, sondern sich immer wieder daran erinnern: „Meine Aufgabe ist es dafür zu sorgen, dass die Strukturen so werden, dass darin Gemeinschaft entsteht!" Mich daran erinnern: „Ich weiß, dass es geschieht!" „ Es geschieht, hin zum Guten!" Die mühevolle Arbeit wird sich lohnen. Sie wird sich lohnen, wenn ich an meine Kraft, an mein Durchhaltevermögen glaube, mich geduldig, immer und immer wieder, meiner Aufgabe widme.

Den Schmerz, den zerreißenden Schmerz in meiner Brust, der mich so oft auf die Probe stellt nicht nur wahrnehmen, sondern auch anerkennen. Mich zu erinnern, das Leben kennt kein Rezept. Auch ich habe kein Rezept in meiner Hosentasche. Jedes einzelne Familienmitglied muss auf seine ganz eigene Art und Weise mit helfen, mit suchen, ausprobieren dürfen, was tut gut, was ist schlecht, was tut weh, wie geht es weiter, was wollen, können oder müssen wir ändern? Ein Auswirken, wieder auf die ganze Familie und oftmals darüber hinaus.

Wieder ein Stückchen mehr loslassen, die Türe niemals ganz schließen! Ein Kommen, ein Gehen, auch ein vorübergehendes Wegbleiben akzeptieren. Neue Ideen, neue Lebensweisen ausprobieren. Hierfür eine Freiheit für jedes Familienmitglied. Herausfinden was übernehme ich, was hilft, was tut der Beziehung, was tut unserer Beziehung, unseren Beziehungen gut. In Bewegung bleiben, in Beziehung bleiben, gegebenen Falls zurücktreten! Nicht verharren, nicht bestimmen, nicht erwarten. Nehmen und geben, gemeinsam die Früchte,

und auch so manches Mal alleine die Früchte ernten, probieren, Verbesserungsvorschläge vielleicht mit einer ganz anderen Person austauschen. Ein neues Beet anlegen!
Wieder miteinander arbeiten, lachen, weinen, streiten, vergeben, versöhnen, neu ausprobieren, Liebe empfangen und Liebe geben, Demut und Barmherzigkeit noch viel mehr einbinden.

Erkennen und voller Dankbarkeit ein wenig mehr verstehen, dass eben nicht immer von Anfang an die Bedingungen optimal sind. Das was in der eigenen Familie erbaut, aufgebaut wird, nicht nur eine kleine Aufgabe ist, sondern ein immerwährendes Bemühen, auch ein Abmühen, immer in Verbundenheit mit der Liebe, in Verbundenheit mit Gott. Die Belohnung, eine Grundlage schaffen, ein Fundament erstellen, auf das ein gesundes Haus aufgebaut werden kann. Die Türen sich öffnen, damit wertvolle Menschen, geliebte Menschen, immer dann, dort ein und ausgehen können, wenn es an der Zeit ist, sich wieder einmal zu begegnen. Erkennen, dass sich auch hin und wieder die Wege trennen müssen, damit etwas Gutes, etwas Anderes geschehen kann. Oft, vielleicht auch sehr oft, tut dies richtig weh. Ein Zerreißen, ein Herausreißen meines Herzens. Morgens beim Aufstehen ist dieses Gefühl schon da und abends geht es mit mir, mit uns ins Bett. Loslassen, vertrauen, gute Gedanken hegen und pflegen, geduldig abwarten, denn neue Strukturen entwickeln sich nicht von selbst! Ein immerwährender Prozess, ein schwieriger Prozess!

Verletzungen gab es da vielleicht viele, jedoch nicht hängen bleiben. Auf Jesus Christus schauen, dort kommt all die Liebe, die ich jetzt benötige und die mir vielleicht ein geliebter Mensch noch nicht geben vermag. Segne ich den Menschen, der nun ziehen mag und auch muss, dann kann Gutes und Neues geschehen. Er und auch ich bin nun frei. Somit können die freien Seelen sich ihrer weiteren Aufgaben widmen. Denn wir werden immer wieder und wieder in einer Beziehung gefordert, gebraucht.

Immer wenn sich in Gedanken, Groll, Verletztheit Wut oder sonstiges hin zu einer Person melden, dann gib diese Person frei, segne sie und wende dich selbst, mehr und mehr, hin zu deiner neuen Aufgabe. So kann die Person und auch du Ruhe finden. Ruhe und Freisein öffnen die Türen.

Gibst du einen geliebten Menschen frei, dann bist auch du frei. Freisein ist die Voraussetzung, noch bewusster, den eigenen irdischen Auftrag, nicht nur zu erkennen, sondern ihn zu erfüllen. Wir sind doch schon alle, mit unserer Mutter, mit unseren Vater, mit unseren Geschwistern, durch tiefe Tiefen gegangen und haben somit lernen können. Lernen, wie schwer wir Menschen uns tun. Wie sehr wir denken und denken und denken und dabei total vergessen, dass doch Gott in uns wohnt. Es ist wichtig zu lernen, nicht nur mit den Kopf zu denken, sondern auch mit dem Herzen, mit dem Göttlichen Funken denken und somit großzügiger im Denken werden. Umso großzügiger wir denken, umso großzügiger können wir mit unseren Mitmenschen umgehen und umso großzügiger gehen die Menschen mit uns um.

Fühlen: „Ich habe wieder ein Stückchen mehr losgelassen, mein Herz tut nicht mehr so weh!" Weiter machen, ein neues Bewusstsein entwickeln. Ist jetzt vielleicht etwas anderes dran? Zeigt sich eine neue Aufgabe, ein Mensch, mit dem ich nun ein paar Schritte gehen darf? Soll ich mit ihm ein neues Beet anlegen? Kann dies vielleicht nur geschehen, weil sich ein geliebter Mensch oder eine Gruppe einen Freiraum geschaffen hat? Ein Freiraum, der sich jetzt auch für mich öffnet? Sich nur öffnen kann, weil ich losgelassen habe?

Meditation

Kehre ein, ein in dein Sein. Schaue dir deine Familie an. Was siehst du? Was hörst du? Was fühlst du? Was denkst du? Gibt es eine Ordnung? Vater, Mutter, Erstgeborenes Kind, Zweitgeborenes Kind,….? Wenn nein, dann bitte darum, dass dein Göttlicher Geist, der in dir wohnt, dein System ordnet.
– Pause –

(Im System eingereiht gehören auch: verstorbene Mitglieder, Totgeburten, abgetriebene Kinder. Lasse alles Geschehen, was auch immer geschehen mag, greife nicht mit deinen Gedanken ein!) – Pause -

Verneige dich vor jedem Familienmitglied, egal ob es lebt, bereits verstorben ist oder erst gar nicht das Licht, auf dieser Erde, erblicken konnte, und sage ihm: „Ich ehre und achte dich!" Nimm dir Zeit, sodass du, in diesem Prozess, alles wahrnehmen, aufnehmen kannst. – Pause –

Was siehst du, hörst du, fühlst du jetzt? Was verändert sich? - Pause – Sage nun zu dir: „Ich ehre und achte mich!" Was geschieht? Was verändert sich? Spüre bewusst in dich hinein! – Pause –

Schaue dir jetzt die Beziehung deiner Eltern an. Wie begegnen sie sich? Siehst du sie als gleichberechtigtes Paar? Als Liebespaar? - Pause -

Bitte dein „Göttliches Selbst" um die Ressourcen, die die Eltern benötigen, damit, zwischen ihnen, ein gleichberechtigtes, vielleicht sogar ein Liebespaar entstehen kann. Bitte um eine Lösung. – Pause –

Nimm alle neuen Eindrücke, Bilder, Gefühle, Stimmen, in dich auf, atme sie ein und nehme sie mit in dein Leben. Ruhige, behutsame, lange Atemzüge. Einatmen ..., ausatmen, einatmen, ausatmen. – Pause -

Was bekommst du vom System und was gibst du? Ist es ein gesundes Nehmen und Geben? Was müsste geschehen, damit gesundes Nehmen und gesundes Geben entstehen kann. Trete mit deinem „Göttlichen Ich" in Verbindung und bitte um eine Lösung. – Pause –

Welche Probleme gibt es noch in der Familie? Wie wirken sich diese Probleme auf dich aus? Gibt es gesunde Beziehungen im System? Welche Beziehung ist gesund und welche krank? Woran kannst du erkennen, dass es sich um eine: „Gesunde Beziehung", oder eine „ Kranke Beziehung" handelt?

Jedes Mitglied

Jedes Mitglied, sei es innerhalb einer Familie oder innerhalb einer Gruppe, nimmt einen bestimmten Platz ein. Genau dieser Platz befähigt den Menschen zu lernen. Es ist nicht so, dass der eine oder der andere Platz besser oder schlechter ist. Vielmehr geht es darum zu erkennen, was es braucht in einem Verbund mit Jesus Christus zu gehen.

Hier auf Erden muss noch so Manches, so Vieles gelernt, verstanden werden. Nur im Verbund können wir uns weiterentwickeln, wir über uns selbst hinauswachsen. Da braucht es keine Macht, keine Hierarchie, keine Vorschriften, keine Zwänge und auch keinen Druck. Keiner muss den einen oder den anderen bespitzeln, entmündigen, klein halten, einschüchtern, von oben herab behandeln, sich aufblasen, sich für was Besseres hinstellen. Zu sich selbst hinschauen, hin spüren dürfen, was kann, darf, soll, möchte ich eingeben. Eingeben, sodass ein liebevolles Miteinander entstehen kann. Hierfür braucht es eine gewisse Freiheit, Selbständigkeit, Achtsamkeit, Liebe. Aus dem Herzen heraus den Mitmenschen begegnen, sich auch wieder abwenden, wenn ein Zusammenkommen, im Moment, noch nicht möglich ist.

Für sich selbst sorgen, sich auch schützen, sich nicht der dunklen Macht ausliefern, sich nicht zur Verfügung stellen. So manche dunkle Macht zeigt sich doch immer wieder über ganz besondere Verlockungen. Die Schablonen, die gereicht werden, die empfohlen werden, die angeordnet werden, ausschlagen. Einfach nicht annehmen. Schablonen annehmen, ist so wie seine Seele verkaufen. Seinen freien Willen aufgeben, vielleicht für eine Zuckerstange, oder für ein „Dabei-sein“ dürfen.

Gibst du deinen freien Willen auf, hat eine dunkle Macht, die dunkle Macht Einzug bei dir gehalten. Die dunkle Macht, ich nenne sie beim Namen, Satan. Wenn du nicht tust was ich will, bist du draußen, hast du hier nichts zu melden. Das kann doch keine Liebe sein? So kann doch kein liebevolles Miteinander entstehen! Das ist einfach Macht, Ego. Macht ist kalt, achtlos, lieblos. Anordnungen müssen erfüllt, Befehle ausgeführt werden. Ein freier Wille ist nicht erwünscht. Buckeln, schleimen, sich verbiegen, lügen und betrügen, einfach nur mitspielen ist angesagt. Augen zu und durch. Ja nichts fühlen, sich abtrennen, abtrennen von den eigenen Gefühlen. Mich einfach nur hingeben, nicht mehr denken, einfach nur mit heucheln. Ja nichts sagen und auch nichts fragen, die wissen es doch viel besser, besser als ich. Nach hause gehen, sich leer fühlen, traurig sein, na ja, vielleicht wird es beim nächsten Treffen besser sein.

Verarbeitung, Katharsis

Verdrängte Emotionen dürfen herausbrechen. Den Ärger, die Wut den Zorn der Welt kund tun. Auf eine Gewisse Art und Weise ausleben, vielleicht sogar ein wenig ausflippen, weinen, schreien, sich selbst leid tun, sich aalen in den eigenen Sud. Die Aggression anerkennen, benennen, nicht verstehen können, nicht verstehen wollen. Ja und nochmals ja, sich, ich mich in Mitleid aalen. Das Erkennen und Benennen der verdrängten Emotionen, das Jammern, das Herausbrechen speziell von Aggressionen hilft, trägt zur Reduzierung von negativen Emotionen und zur Reduktion von Schmerz bei, reinigt.

Immer und immer wieder dreht es sich um das Loslassen. Immer und immer wieder klammern wir uns fest. Immer und immer wieder wollen wir es nicht wahr haben, nicht fühlen. Immer und immer wieder wollen wir nicht hinschauen, nicht hinhören, es nicht verstehen. Nicht verstehen, dass wir uns selbst Täuschen. Wir uns immer und immer wieder einer Selbsttäuschung aussetzen. Sich selbst täuschen heißt ja auch, das eigene Wissen, die eigenen Gedanken, die eigenen Gefühle, die eigenen Signale, die uns unser Körper sendet, zu unterdrücken, sie nicht anzuerkennen. Eine Illusion, eine Seifenblase, in der wir zeitweise leben wollen, zerrinnt, die nackte Wahrheit bricht hervor. Wir sind enttäuscht! Enttäuscht, weil wir etwas ganz anderes erwartet, uns schon lange etwas vorgemacht haben. Die Wut stellt sich ein, vielleicht auch der Zorn. Ein Toben, ein Schreien, ein Weinen, unschöne Gedanken, Schlaflosigkeit, ein inneres Rasen, nicht verstehen wollen. „Es tut mir so weh!“ Ich muss es fühlen!

„Nein, das kann doch alles nicht sein!“ Erschöpfung, Erschöpfung, nur noch Erschöpfung und wieder ein Hoffen, Trauer, Sehnsucht und auch Liebe ist da zu spüren, ein tiefer, tiefer Schmerz stellt sich schon wieder ein. Dann wieder die Wut, der Zorn, vielleicht ein Weinen, unschöne Gedanken, Schlaflosigkeit, ein inneres Rasen, nicht verstehen wollen. „Nein, das kann doch alles nicht sein!“ Nein, ich will dass es anders ist. Ich will mich nicht stellen!“ Ein Prozess ist in Gang gesetzt worden. Auch das Selbstmitleid überprüfen. „Ich habe doch alles getan!“

Katharsis, alles quillt aus mir heraus, alles soll aus mir heraus fließen. Das Gute und auch das sogenannte Schlechte. Nichts soll in mir bleiben, leer will ich werden.

Das Strampeln wird langsam weniger, das Ego leiser. Ein Anerkennen stellt sich ein. „Ich habe es eigentlich schon immer gewusst!“ Langsam breitet sich Ruhe in mir aus. Ich erkenne meine eigene Blendung an. Jetzt suche ich nicht mehr die Schuld beim Anderen. Nun bleibe ich bei mir. Niemanden kann ich festhalten, dies wäre auch nicht gut. Jeder hat seinen Auftrag, da kann eine Trennung schon mal nötig sein. Langsam ein Erkennen, es war wichtig diese Trennung. Es steht im Moment etwas anderes an. All die Dinge, das Wissen, alles was ich mit einer bestimmten Person oder sogar mit mehreren Personen, erleben, erfahren, erlernen durfte, habe ich nun stets bei mir. Jetzt liegt es an mir, sodass wieder Gutes geschehen kann. Schaue ich zurück und sage danke, danke für alles was ich erhalten habe, danke für das was ich erleben, erfahren, erfühlen, lernen durfte, dann lasse ich die Person oder die Personen in Frieden ziehen, dann bin ich frei und für mich breitet sich endlich wieder der Frieden aus.

Meditation

Kehre ein, ein in dein Sein! Welche Person oder welche Personen möchtest du heute in Frieden ziehen lassen?

Schaue dir jede Person an und erkenne an. Erkenne an, was du über diese Person lernen, erfahren, erleben durftest. Verneige dich in Gedanken, sage: „Danke!“ Danke für all die Dinge, die du über sie lernen konntest und gebe sie frei. Fühle in dich hinein! Was geschieht? – Pause –

Nimm Wissen mit: zu erkennen, zu benennen, loszulassen, heißt doch nicht, dass ich mich von bestimmten Menschen ein ganzes Leben lang verabschieden muss. Eine Trennung dauert so lange, so lange sie eben dauert. Das Leben führt uns zur gegebenen Zeit zueinander oder auseinander. Vertraue, vertraue auf Gott.

Verletzte Kinder

Wir sind alle, auf irgendeine Art und Weise verletzte Kinder! „Ja, in jedem Menschen, steckt ein verletztes Kind!“ Der eine Mensch trägt eine etwas größere Verletzung, der andere eine etwas kleinere Verletzung. Egal, Verletzung ist Verletzung. Es wird Zeit, dass wir uns unsere Verletzungen genau anschauen. Den Schmerz zulassen, durch ihn hindurch gehen, um ihn Stück für Stück entlassen, auflösen und somit, mehr und mehr, heilen zu können. Nur wer verletzt ist kann heilen. Wer seine Verletzung nicht sieht oder nicht sehen will, kann auch nicht heilen. Er verdrängt und blockiert sich selbst.

Ein verletztes Kind zu sein bedeutet, dass uns Menschen, vielleicht schon vor der Zeugung, während der Zeugung, während unsere Mutter mit uns schwanger war, als Säugling, Kleinkind, Jugendlicher, oder im erwachsenem Alter, Dinge widerfahren sind, die unserer Seele nicht gut getan, unsere Seele immens verletzt haben. Diese schmerzlichen Erfahrungen leben, ganz unbewusst, in unserem Gedächtnis, auch in unserem Körper weiter. Wir haben sie gespeichert. Sie prägen uns Menschen und lösen, manchmal, in uns ein Verhalten aus, was nicht angebracht, für uns nicht hilfreich ist. Diese, für uns nicht hilfreichen Verhaltensweisen, Verhaltensmuster, schleppen wir mit, bis in unser Erwachsenenalter hinein. Wir trainieren uns diese fest ein, sie manifestieren sich und somit werden sie ein Teil von uns. Ein Teil, der uns immer wieder blockiert, da dieser Teil zu einem „Hilferufenden Kind" gehört und nicht zu einer erwachsenen Person.

Unsere Eltern, Urgroßeltern mussten vielleicht, ihren Mann, im Krieg stehen. Jeder an einem anderen Platz, sie wurden dort, in dieser Zeit, verletzt. Psychisch und auch physisch. Mord, Totschlag, Hunger, Vertreibungen, Vergewaltigungen, Abtreibungen, Existenzverluste, Angst usw., hat sie Tag ein, Tag aus, geplagt, gestoppt, blockiert und beherrscht. Viele, viele traumatisierte Menschen, hilflos, einfach alleine gelassen, gezeichnet, zum Teil für immer. Viele, viele Verletzungen, keine Zeit sich darum zu kümmern. Verletzungen die einfach hinuntergeschluckt, verdrängt, ausgesessen, ausgeblendet darüber gelacht wurden. Verletzungen, auch zum Teil hinüber geschoben wurden, hin in die eigene Familie hinein, hin auch zum eigenen Kind. Gewollt? Nein, niemals gewollt, ein unbewusstes Geschehen. Aus Verzweiflung, um überleben zu können, um im Alltag den Mann, die Frau, stehen zu können, denn es musste ja weitergehen. Hier ist keine Schuld zu suchen. Diese Zeit ist im Größeren, im Weiteren zu betrachten, so wie alle Verletzungen im Größeren und im Weiteren zu betrachten sind. Niemals stecken hinter einer Verletzung nur eine Person, sondern viele, viele missliche Strukturen, Kriege, Hunger, Angst, Vertreibungen, Abtreibungen, Misshandlungen, Ablehnung, Ausgrenzung, Neid, Hass, Wut und noch anderes mehr. Begonnen mit der Vertreibung aus dem Paradies.

Verletzten Kindern fällt es sehr schwer ein gesundes Selbstvertrauen aufzubauen. So manches Mal mag es ihnen ganz und gar nicht gelingen. An dessen Stelle rücken Zweifel, Dinge nicht verstehen können, sich nicht trauen, ein Gefühl, nichts wert zu sein, nichts zu erreichen. Gefühle werden unterdrückt, ein schlechtes Gewissen stellt sich immer wieder ein. Sie fühlen sich oft als Versager, dies erklärt weshalb sie sich selbst missachten, misshandeln, misstrauen. Unfähig Ziele zu erreichen, das wiederum ist oftmals der Grund, sich erst gar kein Ziel zu setzen.

Es ist wichtig, dass wir unsere Verletzungen, die wir in uns tragen, nicht verdrängen, sondern diese an die Oberfläche hoch holen und sie uns anschauen. Anschauen und auch fühlen, jedoch nicht in der Verletzung hängen bleiben.

Anschauen und fühlen bedeutet, dass wir uns den Schmerz stellen und der Wahrheit ins Auge schauen. Ja, das tut auch weh. Es ist wichtig zu verstehen, dass jeder Mensch seine eigenen Verletzungen in sich trägt. Jede Verletzung birgt eine wichtige Erfahrung. Verletzungen führen uns Menschen auch in tiefe Gefühle hinein, Gefühle, die wir nie hätten erleben, erfahren können. Über eine Verletzung können wir über uns selbst hinauswachsen. Verletzungen, verletzen nicht nur, sondern sie fordern uns auch. Ein Verletzter Mensch, der verzeihen kann, wächst über sich hinaus, dem verleiht das Leben eine ganz besondere Kraft, eine große Liebe, Barmherzigkeit, er wird vom Leben beschenkt. Er hilft mit, neue Strukturen zu erbauen, er ist ein Vorbild. Hier denke ich, in erster Linie, an Christus, er hat es uns vorgelebt. Er ist Mensch geworden, hat sich gestellt, hat den Menschen verziehen, er hat uns gezeigt was Verzeihen heißt.

Verzeihen, demütig verzeihen, wer sich erhebt, sich oben drüber stellt und aus einer ungesunden Großzügigkeit heraus, prahlend verzeiht, der verzeiht nicht, der befindet sich im Hochmut und gefährdet nicht nur die Beziehung, sondern er hat nicht verstanden was es heißt, ein Gotteskind zu sein. Hochmut kommt vor dem Fall.
Jesus hat uns vorgelebt, was es heißt barmherzig zu sein, seinen Nächsten zu lieben. Er hat uns erlöst, uns gezeigt, es gibt immer wieder einen Neuanfang, wenn wir es zulassen, wenn wir dem zustimmen, dem was im Augenblick ist, das was sich uns zeigt. Wir, unser Ego hinten anstellen und die Liebe anstreben wollen. Ein selbst Wollen, ein sich frei Entscheiden können, den freien Willen einsetzen. Ja, zu einem Neuanfang sagen wollen. Neuanfang heißt, miteinander, gleichwertig zu starten. Kein Erhöhen und kein Erniedrigen. Kein Heucheln, kein Verstellen, nicht berechnend zu handeln sondern aus der Liebe heraus.

Ein verletztes Kind zu sein zeigt sich bei einem Erwachsen immer dann, wenn nicht der Erwachsene, sondern sein verletztes innere Kind reagiert. Erwachsen sein, jedoch sich mit Kindern messen. Regelmäßig einen Machtkampf beginnen und keinen Zentimeter von der eigenen Meinung abweichen. Um jeden Preis, immer wieder der Gewinner sein wollen. Besserwisserei, Prahlerei, Rechtfertigung. Seinen Gegenüber nicht anschauen, vielleicht sogar die Augen schließen während einer Kommunikation. Sich mit den Mitmenschen nicht auseinandersetzen, sondern lieber beleidigt zurückziehen oder, des lieben

Friedens willen, einfach zustimmen, lieb sein, Harmonie vorspielen. Das innere verletzte Kind meldet oftmals Hass, Neid, Eifersucht an und freut sich, wenn einem Mitmenschen etwas nicht gelingt. Nicht verzeihen können, nicht mehr miteinander reden, sich und somit auch andere lieber quälen.

So manches Mal wird da auch der Satz geäußert: „Lieber sterbe ich, bevor ich mit dieser Person wieder rede!" Natürlich reagiert auch das verletzte, innere Kind, wenn Erwachsene denken, dass sie immer wieder vom Leben benachteiligt werden. Dies sind Mitmenschen, die sich an nichts erfreuen können, weil sie ihren Fokus immer auf den Nachteil richten. Ebenso, dürfen sich hier alle Menschen die sich immer schuldig fühlen, einreihen. Denn so manch einer schlüpft all zu gerne in eine Opferrolle. Sie meinen, sie müssten es der ganzen Welt recht machen. Dies kann ihnen natürlich niemals gelingen. Es spielen sich Dramen ohne Ende ab. Die Lösung, die Auflösung wäre so einfach: „Sich selbst und auch den anderen verzeihen!"

Sich selbst und den anderen verzeihen heißt nicht, dass man der anderen Person um den Hals fallen, großartige Dinge zusammen erleben, oder der anderen Person alles recht machen muss. Nein, das heiß es nicht! Es kann bedeuten, dass man sich erst einmal aus dem Weg geht. Gras über die Sache wachsen lässt, sodass alle Beteiligten damit Schwanger gehen, etwas Neues ausbrüten können. Geduld, Zeit, verzeihen können, verzeihen wieder sich selbst und den anderen.

Es muss sich erst gar nicht im Außen zeigen. In unserem Inneren muss es neu angeordnet werden, sich dort gut anfühlen, wenn wir hin denken zu unseren Eltern, Geschwistern, Verwandten, auch zu den Verstorbenen aus der eigenen Sippe, zu allen Menschen.

All das Wissen, das wir uns angeeignet haben, dürfen wir kommunizieren. Kommunizieren in Dosen, immer dann, wenn es angebracht ist. Jeder Mensch nimmt genau das auf, was für ihn bestimmt ist, nicht mehr und nicht weniger.

Meditation

Kehre ein, ein in dein Sein. Warum bist du verletzt? Wer hat dich verletzt? Was ist durch diese Verletzung entstanden? Entstanden hinsichtlich deiner Mutter, deinem Vater, deiner Schwester, deinem Bruder, deinem Partner, deiner Partnerin, deinen Kindern und anderen. - Pause -

Hast du jemanden verletzt? Wen hast du verletzt. Warum hast du ihn verletzt? Was ist über diese Verletzung verlorengegangen? Was hast du gewonnen? – Pause – Wie kannst du diese Verletzung heilen? Vielleicht um Verzeihung bitten? Vielleicht diese tiefe Liebe die hinter den Groll steckt aussprechen? Ich vermisse dich! Ich liebe dich! Probiere aus!

Die nächste Meditation zeigt eine Möglichkeit, wie das verletzte Kind in uns aufgefunden werden und heilen kann.

Meditation

Jetzt mache ich mich auf den Weg und suche mein verletztes Kind, das ja immer noch in mir steckt. Ich suche es damit Heilung geschehen kann.

Erstmals wissen und zulassen, dass da Wunden in mir sind. Die eigenen Wunden sehen, mir eingestehen: „Ja ich habe Wunden und sie gehen mir durch Mark und Pein!"

Heute, jetzt bin ich bereit einen Teil, meiner Wunden, zu entdecken, sie anzuschauen, sie zu spüren und sie auch zu betrauern.

Auf einer Wiese marschiere ich los. Dort schaue ich mir alles an. Das Gras, die Blumen, die Bäume, Schmetterlinge, Bienen, ein Maulwurfhaufen. Es duftet, die Sonne scheint. – Pause -
Jetzt merke ich erst, wie unachtsam ich war. Ich habe noch nie so intensiv diesen Duft dieser Wiese, der Blumen wahrgenommen. Noch nie die Schönheit, dieser mir dargebotenen Natur, gewürdigt. Hier suche ich mir ein Plätzchen und genieße. – Pause –

Jetzt lasse ich meinen Gefühlen freien Lauf. Ich denke an mein verletztes inneres Kind. Traurigkeit stellt sich ein. Um mich herum wird es etwas kühler und auch schon ein bisschen dunkel. Mein liebes inneres Kind wo bist du und wie geht es dir. Erst jetzt gehe ich weiter und suche mein verletztes Kind. Ich höre ein Baby weinen. Nicht weit vor mir liegt ein Baby im Gras, es strampelt und schreit. Soll das wirklich ich sein?

Ich lasse alle Gefühle zu, ich weine mit diesem Baby mit. Es ist alleine und ich fühle mich alleine. Ich bin entsetzt.

Niemand ist bei diesem Baby, niemand ist bei mir. Ich bin noch mehr entsetzt und weine. Ich weine und weine. Ich nähere mich diesem kleinen, verlassenen Wesen und schaue es an. Ich schaue mich an. Ein verschrecktes kleines Wesen, mit einem gequälten, roten Gesichtchen, ein kleines Wesen, das verzweifelt schreit. Verlassen, vergessen, allein?

Vorsichtig und auch ein wenig ängstlich nehme ich dieses Baby auf meinen Arm. Ich wiege es in meinen Armen hin und her, hin und her, hin und her und drücke es ganz behutsam ganz sanft an mein Herz.

Langsam komme ich dahinter, ich, ich ganz alleine habe mich so lange, so eine lange Zeit selbst allein gelassen, ich habe nicht zu mir hingeschaut, ich habe es selbst in der Hand, heute zu heilen. Ich selbst kann und muss meine Wunden heilen.

Dein verletztes, innere Kind kann sich dir, in deinem Inneren ganz anders zeigen. Es ist ratsam, in der Meditation auf die Wiese zu gehen und dann das eigene verletzte, innere Kind zu suchen. Wichtig ist, mit dem gefundenen, verletzten Kind Kontakt aufzunehmen, es zu trösten, es zu halten. In Beziehung mit dem verletzten Kind zu gehen. Nicht nur in dieser Meditation in Beziehung mit dem eigenen inneren Kind zu sein, sonder drüber hinaus, täglich!

Mutter

Mutter, die erste Liebe unseres Lebens. Eine Symbiose, eine Nähe, so eine Nähe gibt es nur mit der eignen Mutter, ob ich nun will oder auch nicht. Zu wissen: „Weil meine Mutter mir zugestimmt hat, bin ich auf dieser Welt!“ Ihr verdanke ich mein Leben, ihr gebührt mein größter Dank.

Mutter sein heißt: fähig sein, fähig, das Geschenk Gottes annehmen zu können, annehmen zu wollen. Ja zum Kind sagen! Einverstanden sein, das Kind unterm Herzen zu tragen, auszutragen, um es dann zu gebären. Hineingebären in diese Welt. Die volle Verantwortung übernehmen, mit seinem eigenen Ego zurücktreten. Da sein, einfach nur da sein, sich um das Kind kümmern. Das Kind halten, tragen stillen, wickeln, umarmen, küssen, liebkosen, segnen. Es gesund ernähren, für das Kind sorgen, besonders in den schweren Zeiten.

Krankheit miteinander überstehen, immer wieder Liebe und Zuneigung geben, bin ich als Mutter auch längst am Ende, weitergehen, weitergehen, weitergehen. Schwierigkeiten zusammen überstehen, auch wenn das Kind, oder ich als Mutter einmal versage, einfach wieder und wieder da sein, immer wieder da sein, da sein, da sein.
Helfen, eigene Fähigkeiten zu entwickeln, fordern, fördern. Miteinander lachen, weinen, aufeinander eingehen, diskutieren, ausdiskutieren, auseinandersetzen, streiten und auch versöhnen. Mutter sein ist eine Gabe, eine Gottes Gabe.

Natürlich kann nicht jede Mutter alles geben, es hängt von den Umständen ab. Die Mutter entscheidet, ob das Kind nach der Geburt bei ihr bleibt, ob sie fähig ist das geborene Kind aufzuziehen. Wenn sie sich dagegen entscheidet, wird die Mutter ihre wichtigen Gründe dafür haben. Niemandem steht es zu darüber zu urteilen, sie zu verurteilen, noch nicht mal dem Kind. Auch wenn wir das nicht verstehen oder nicht verstehen wollen, jeder Mensch lernt etwas anderes auf dieser Welt. Das Lernziel ist jedoch bei jedem Menschen gleich. Jeder Mensch, egal welches Schicksal auf ihm in dieser Welt wartet, jeder soll sich auf den Weg machen, die Liebe zu suchen, zu finden und auch zu leben. Welch schweres Ziel! Welch wunderbares Ziel!

Jeder Mensch kann sich vorstellen, wenn die Umstände gut gewesen wären, wäre meine Mutter für mich da gewesen. Sie wird mich immer in ihrem Herzen tragen und ich sie in meinem Herzen, ob ich nun will oder auch nicht. In einer Meditation kann ich mir vorstellen, dass sie mich angenommen und aufgezogen hat, denn energetisch tut sie es sowieso. Mach dich also auf den Weg, die Mutterliebe zu suchen und zu finden.

Die Kinder die in die Welt kommen gehören weder den Müttern, noch den Vätern. Sie sind eigenständige Seelen mit einem eigenen Willen, sie sind voll bewusst. Seelen in einem kleinen Körper, die eine ganze Zeit lang auf die Eltern angewiesen sind. Seelen die von uns Erwachsenen nehmen und lernen dürfen. Seelen von denen wir Erwachsene nehmen und lernen dürfen und zwar auf eine ganz besondere Art und Weise. Es bedarf eine ganz besondere Aufmerksamkeit, um verstehen zu können, was uns diese große Seelen in diesem kleinen Körper alles vermitteln, lernen, lehren können. Die Eltern dürfen dem Kind Liebe, Pflege, Fürsorge schenken. Das Kind schenkt den Eltern, von Anfang an, Liebe. Einfach nur weil es da ist, weil es in unser Leben getreten ist, verströmt das Kind Liebe.

Stillen ist nicht nur Nahrungsaufnahme für das Kind. Stillen ist zugleich: „Ja, oh Herr, mein Gott, ich sehe, in meinem Kind, deine Gnade, ich spüre deine Liebe. Ja, ich nehme mein Kind, ganz und gar an, hege und pflege es. Ich weiß, die volle Annahme meines Kindes bedeutet, dich angenommen zu haben."

Deinen Göttlichen Samen pflanztest du nun mir und meinem Kind noch mehr ein. Ich behüte diese Göttlichkeit in meinem Kind und biete ihm, während des Stillens und drüber hinaus Nähe, Schutz, Ruhe, Geborgenheit, Zweisamkeit, Aufmerksamkeit. Wenn ich mir die Zeit nehme und ich es mir erlaube, kann stillen ein heiliger Akt darstellen. Das Stillen kann ein Verbund sein. Ein Verbund mit Gott Vater, Gott Sohn, Gott Heiliger Geist, meinem Kind und mit mir. Verstehen, über uns Menschen drückt sich Gottes Liebe aus. Durch uns Menschen spricht Gott zu uns, zu mir. Über mein Kind spricht, lacht Gott mit mir. Indem ich mich meinem Kind, jetzt, voll und ganz widme, kann der Heilige Geist wirken. Gott, mein Kind und mich segnen. So können Wunden heilen. So kann ich, als Mensch, die Erlösung der Sünden aller Menschen, durch Jesus Christus, durch seinen Tod, mehr verstehen und annehmen. Denn auch so gebe ich die Liebe, die er uns Menschen geschenkt hat, zurück. Auch so trage ich dazu bei, dass wir Menschen uns selbst und somit unseren Planeten heilen können.

Lernen, Ängste um die Kinder, mehr und mehr, herauszunehmen. Ängste herausnehmen, sodass sich die Angst nicht so sehr in ihre Körper, ihre Zellen festsetzen. Ängste, die wir, als Eltern, in uns tragen, tragen auch unsere Kinder in sich. Ängste, die wir, als Mutter und auch als Vater, in uns lösen, lösen wir auch für unsere Kinder. Somit sind sie frei, können Dinge tun, die auf sie zukommen. Egal was es ist. Die Prozesse, des gemeinsamen Wachsens, gemeinsam durchstehen, manches aushalten, abwarten, weitergehen. Rat auch von Außen suchen, trotzdem die eigene innere Stimme hören, nochmals mehr lernen sie zu verstehen.
Im Laufe eines heranwachsenden Kindes, gibt es viele Veränderungen: sei es die Pflege, die Fürsorge und auch die Liebe. Gegebenen Falls zurücktreten, den Weg ganz frei geben, sodass sich das heranwachsende Kind, ganz und gar, ausprobieren, aus agieren, neue Wege erkunden, seine eigene Berge erklimmen kann. Da sein, einfach nur da sein, das hilft.
Liegt dir als Mutter auch noch so sehr die Selbständigkeit, die Eigenverantwortlichkeit deines Kindes am Herzen, ist es jedoch schwer los zu lassen, all das aufzugeben, das was ich als Mutter übernommen habe. Hast du dich doch, habe ich mich doch so lange verantwortlich gefühlt. Ja immer wieder eine Bereitschaft, dieses oder jenes mitzutragen. War ich als Mutter doch so manches Mal wie ein großer Schwamm, der alles aufsaugt.

Ist das Kind erwachsen geworden, darf und muss die Mutter wieder mehr auf sich schauen, ihren Weg gehen, nur für sich entscheiden. Kann dies die Mutter und das heranwachsende oder das bereits erwachsene Kind auch nicht immer verstehen und fordert vielleicht das Verständnis, immer währende Unterstützung der Mutter an. Für beide ein Loslösungsprozess. „Liebes Kind nun gehst du für dich und ich für mich!" „Alle Entscheidungen bleiben bei dir und die meinen bei mir!" Mutter sein ist die größte, die schwierigste Aufgabe, die größte Herausforderung, die es gibt auf dieser Welt! Wenn du Mutter bist, dann wisse dich vom Leben reich beschenkt.

Eine gesunde Mutterbeziehung, egal wie alt meine Mutter ist, egal wie alt ich bin, erkenne ich daran, wenn ich sagen kann: „Liebe Mama, ich bin das Kind und du bist meine Mama, du schenktest mir mein Leben, danke liebe Mama, danke liebe Mama!"
„Ich liebe Dich von ganzem Herzen!" Solche Sätze kommen ganz tief aus dem eigenen Herzen heraus.

Die folgenden Meditationen sind für alle heilsam, auch für Menschen, die ihre Mutter nicht kennengelernt haben.

Meditation

Kehre ein, ein in dein Sein! Dein Kopf liegt im Schoß deiner Mutter. Lasse deinen Gefühlen freien Lauf. Spüre die Geborgenheit und die Wärme. Dein Atem findet einen dir angenehmen Rhythmus. Nach und nach kehrt Ruhe ein und dein ganzer Körper entspannt sich, mehr und mehr. Atme alles aus! Fühle deine Mutter und genieße es, genieße, wenn sie dir, mit ihren Händen, sanft, ganz sanft über deinen Kopf streicht. Sie streicht ganz liebevoll über dein Haar und über deine Schultern, auch über dein Gesicht. – Pause –

Entspannen, genießen, loslassen, nehmen! Nehmen und sich dabei gut fühlen.

Eine tiefe, tiefe, tiefe Verbundenheit spüren. Kind sein, sein dürfen. Ja, Kind sein dürfen und mit gutem Gewissen nehmen, einfach nur nehmen. Geborgen, gehalten, geliebt. – Pause –

Du wirst jetzt noch jünger, so jung bis du dich im Leib deiner Mutter, geborgen als Embryo, befindest. Spüre diese Geborgenheit im Leib deiner Mutter. Sie nährt dich mit all ihrem sein und mit dem was sie isst.

Du im Leib deiner Mutter, als kleiner, hell erleuchteter Embryo. Fühle die Verbundenheit, fühle diesen universellen Schutz, diese universelle Liebe und diese Gewissheit, genau hier am richtigen Ort zu verweilen. – Pause –

Es ist schön, dass du im Leib deiner Mutter aufwachsen darfst. Deine Mutter ist die Person, die dich nun eine ganze Zeit lang unter ihrem Herzen trägt. Tag ein, Tag aus, ohne Ausnahme. Solange bis sie dir das Leben, hier auf dieser Erde, schenken darf. Durch sie und aus ihr wirst du geboren und das Licht der Welt erblicken können. Sie ermöglicht dir dein Leben. – Pause –

Fühle, wie diese mütterliche, universelle, Göttliche Energie, deinen kleinen Körper, im Leib deiner Mutter, durchflutet. Es ist Göttliche Energie, Energie von deiner Mutter, von deinem Vater und Energie von dir. Nimm dir Zeit, Zeit, um dich dieser elementar wichtigen und so positiven Energie, dem Licht hinzugeben, damit du das Licht, in dein Leben mit hineinnehmen kannst.
- Pause -

Du und auch deine Mama, beide werdet ihr mit dem Göttlichen Licht durchflutet und hell erleuchtet. Ein wohliges Gefühl, atme es ein! Während du alles, über deinem Atem aufnimmst, kann es sein, dass du in deinem Körper ein Pulsieren wahrnimmst. Dieses Pulsieren bringt dich, mehr und mehr, in deine Kraft. Nimm diese Energie, diese pulsierende Energie, im Leib deiner Mutter, nun immer bewusster wahr und in dich auf. Atme ein und aus. Ein und aus. Gewollt, geborgen, getragen, genährt, geschützt, geliebt. – Pause –

Bald wirst du diesen, dir so vertrauten, hell erleuchteten Raum der Geborgenheit, des Lichtes und der Liebe, mit der Gewissheit verlassen, mit der Gewissheit alles mitnehmen zu dürfen, mitnehmen in dein Leben hinein. Gewollt, geborgen, getragen, genährt, geschützt, geliebt, dies sollen stets deine Begleiter sein. Deine ständigen Begleiter, wann immer du willst, wann immer du es zulässt, wann immer du es dir erlaubst, jeden Tag, jede Stunde, jede Minute, jede Sekunde, immer. - Pause -

Gereift, gestärkt und voller Dankbarkeit darfst du langsam Abschied nehmen und diese Göttliche Energie, die Geborgenheit, das Licht, die Liebe nochmals in dich aufnehmen. Jetzt verlässt du diesen, dir so angenehmen, so vertrauten und so liebgewonnenen Ruhepol. Du wirst erwartet! Bedanke dich bei deiner Mutter! Du wirst geboren und in Empfang genommen. Ein Wunder ist geschehen! - Pause - Wer wartet auf dich? - Pause -

Deine Mutter stillt dich nun solange bis du satt bist. Trinke liebes Kind trinke, trinke, trinke. Trinke in aller Ruhe, du hast Zeit und du darfst dich wirklich satt trinken. Danke liebe Mama! Den ersten Abnabelungsprozess hast du nun erlebt und, überstanden. Nochmals danke.

Meditation

Kehre ein, ein in dein Sein. Du ruhst, als neugeborenes Baby, in den Armen deiner Mutter. Spüre, wie sie dich, auf eine ganz besondere, liebevolle Art und Weise an ihr Herz drückt. Fühle ihren gleichmäßigen, ruhigen, und dennoch kräftigen Pulsschlag. Ja, deine Mama hält dich, liebevoll umschlungen in ihren Armen und drückt dich ganz sanft an ihr Herz und du darfst dabei genießen, einfach nur nehmen, Liebe nehmen. Liebe nehmen, Liebe nehmen und ganz automatisch, ohne dein Zutun, auch Liebe geben. Alles geschieht, geschieht ganz von selbst, es ist einfach so. Du fühlst es jetzt, du und auch deine Mutter, ihr denkt jetzt nicht nach, ihr seid miteinander, symbiotisch, verbunden. „So spüre ich keine Wunden!"

Gewollt, empfangen, gehalten geliebt, einfach nur ruhen. Kraftvolle Energien tauschen sich aus. Sie kommen von innen und auch von außen, sie dringen in dich ein. Ein wohliges Fühlen, deine Mutter umsorgt dich, sie weiß genau was du brauchst. Sie fühlt es, sie kennt dich, sie liebt dich und passt auf dich auf. Du darfst träumen so viel wie du willst, sie hält dich. Sie hält dich und ist einfach nur stolz, sie hält dich, sie liebt dich, deine Mama. Für dich ein wohliges Fühlen. Du brauchst gar nichts zu tun, denn deine Mutter umsorgt dich, sie kennt dich genau. Sie erfüllt dir jeden Wunsch. Sie weiß was dir fehlt.
Oftmals handelt sie, erfüllt dir deinen Wunsch, bevor du danach schreist. Sie fühlt es, sie kennt dich, sie liebt dich und passt auf dich auf. Du darfst soviel träumen wie du willst, sie hält dich. Sie hält dich und ist einfach stolz.

Sie hält mich, sie ist so stolz, so stolz auf mich. Ich fühle es, ich weiß es, zusammen werden wir die Welt erobern. Eine Zeit lang geht sie und auch der Papa, Geschwister, Oma, Opa voran. Doch bald schon gehen wir nebeneinander und später führt uns das Leben, zeitweise vielleicht sogar mal auseinander. So ist es richtig und auch gewollt. Ein intensives Lernen zu zweit zu dritt, zu viert, dann werden es immer mehr. Das Gelernte umsetzen möchte ich mit ihnen zusammen und auch mit all den anderen Menschen. Alle Ressourcen nehme ich jetzt, in mein Leben, mit.

Eigener Wille

Wir Menschen müssen lernen und versuchen zu verstehen: es sind immer wieder die Umstände, in denen wir hineingeboren werden, in denen ich hineingeboren werde. Sie prägen mich, sie prägen dich, sie prägen uns. Ich, du, wir, jeder einzelne hat es selbst in der Hand, was er daraus macht. Welche Schlüsse ich, du, wir daraus ziehen. Jeder einzelne, jeder für sich, entscheidet. Individuell, allein der eigene, freie Wille bestimmt die Zukunft. Verschließe ich mein Herz und wende mich ab, oder öffne ich mein Herz, sodass Heilung geschehen kann. Will ich voller Neid, Wut, Missgunst, für all das, was mir selbst nicht gelingt, einen Schuldigen suchen? Krieg führen? Oder bin ich mutig, offen und ehrlich, den anderen Menschen und mir gegenüber? Mutig, meine unerlösten Teile anzuschauen, den daraus resultierenden Schmerz auf mich nehmen und Schritt für Schritt, einer Heilung zustimmen. Ich selbst einer Versöhnung zustimme! Ich selbst die Hand, die Hand der Versöhnung ausstrecke.

Ablehnen der Mutter des Vaters

Lehnt ein Mensch seine Mutter oder / und den Vater ab, lehnt er sich selbst ab, sich selbst und das Leben. D.h. er lehnt auch immer seinen Partner(in) und seine Kinder ab. Dies geschieht ganz unbewusst. Wenn wir unsere Mutter, unseren Vater ablehnen sind wir immer auf der Suche. Wir suchen uns, wir sind ein Teil von unseren Eltern. Wie können wir ganz sein, wenn wir unsere Eltern ablehnen? Der Mensch kann das Leben in liebe leben, wenn er in Liebe hin zu seinen Eltern denkt. „Die Mutter annehmen, den Vater annehmen heißt, alles annehmen, alles was zu ihnen gehört." Auch das Schicksal in das die Eltern hineingeboren sind, sei es Armut, Krankheit, Vertreibung, Mangel, ebenso der Reichtum, Gesundheit, die Fülle, einfach alles.

Jeder Mensch, ob groß, ob klein, kennt das, denn jeder Mensch hat es schon am eignen Leib erfahren, dass die Mutter nicht immer da war, obwohl wir sie so dringend gebraucht hätten, sie unbedingt haben wollten. So geht das Leben, das ist das Leben. Nicht immer wird alles erfüllt, nicht immer kann alles erfüllt werden, auch wenn es für uns so nötig gewesen wäre. Unsere Mutter und unser Vater müssen dafür sorgen, dass das Leben gelebt werden kann. Sie können nicht immer quer Fuß beim Baby, beim Kleinkind, beim Kind stehen. Vielleicht

gibt es ja da auch noch andere Geschwister, eine bettlägerige Oma, die auch Hilfe benötigt, auf Fürsorge angewiesen ist. Jeder Mensch, ist er noch so jung, erlebt gewisse Situationen so unterschiedlich, zieht ganz andere Schlüsse daraus, handelt anders, anders als der Bruder, die Schwester, die doch das Gleiche erlebt haben?
Der eine zieht sich vielleicht zurück und ist auf die eine oder andere unschöne Situation ein Leben lang so fokussiert, sodass er all das Gute was er auch erfahren hat, verdrängt. Die Liebe, die tägliche Fürsorge zählt nicht mehr, die Verachtung, der Neid ist geboren. Verachtung und Neid, sät Zwietracht, Wut, Hass, Armseligkeiten. Neid frisst den Menschen auf!

Wenn wir unsere Mutter verachten, wenden wir uns von ihr ab. Wir verweigern alles Gute was von ihr kommt. Wir strafen sie, jedoch noch mehr uns selbst. Wir schließen die Türe, wir schließen sie aus, wir schließen uns aus, öffnen eine andere Tür. Die Türe für Härte, Schmerz, Verwirrung, Krankheit, Angst. Die Quelle des Lebens trocknet aus, wir lassen unsere Quelle austrocknen. Austrocknen, weil unsere Mutter nicht immer das getan hat, was wir von ihr erwartet und im Späteren vielleicht sogar eingefordert haben.
Ist erst einmal unsere Lebensquelle versiegt, verdunkelt sich unser Dasein auf dieser Welt. Verachtung und Rückzug von der Mutter heißt auch, Rückzug vom Vater, von den Geschwistern, von den Menschen. Nichts Gutes kann in der Familie mehr gesät werden. Der Fokus richtet sich auf das Schlechte. Ein Suchen, was die Mutter, der Vater alles falsch gemacht haben. Die Freude bleibt aus, die Fülle versiegt, vielleicht stellt sich eine Depression oder die Angst noch stärker ein.
Ja, was geschehen ist, ist geschehen, die Mutter und auch der Vater können es nicht mehr rückgängig machen, wir selbst können es nicht mehr rückgängig machen. So manches hat weh getan, und wir wollen diesen Schmerz niemals mehr erleben. Wir haben alles getan um diesen Schmerz zu vergessen, zu verdrängen. Jedoch lebt er, abgespeichert, in uns weiter, als ein unerlöster Teil. Dieser unerlöste Teil ist immer da, er ist in uns und quält uns. Es schmerzt, wenn wir uns von der Mutter, vom Vater oder auch von den Geschwistern abwenden. Dieser Teil stoppt uns im Privatleben und ebenso im Beruf. Er führt uns vielleicht immer mal wieder in eine extreme Aggression, Wut, Angst, in den Neid hinein. Oft wissen wir nicht, weshalb sich der Frust, der Neid, die Aggression, die Leere melden, weshalb wir in privaten und auch in beruflichen Belangen nicht vorwärts gehen können, wir uns immer wieder stoppen lassen, uns armselig fühlen, keine Fülle erleben.

Diese Gefühle können auch dann in uns auftreten, wenn sich unsere Mutter oder unserer Vater mit ihren Müttern, mit ihren Vätern nicht ausgesöhnt haben. Diese Gefühle werden dann auch mit hin zum Kind geschoben. Das heißt, wir haben auch immer Anteil an den unerlösten Teilen unserer Eltern. Den Schmerz tragen wir immer gemeinsam. Wenn wir uns stellen und diesen unerlösten Teil anschauen, den daraus resultierenden Schmerz zulassen, kann er aufgelöst und in Liebe transformiert werden. Die Liebe hin zur Mutter, hin zum Vater, hin zu all den Menschen, die mir nahe stehen kann wieder fließen und somit kann die Liebe hin zum Leben wieder fließen. Die Versöhnung mit der Mutter, mit den Vater, mit der Familie birgt die heilende Kraft, heilt jeden Schmerz, schenkt uns Erfüllung. Diese, nur diese Kraft lässt uns lebend durch unser Leben reisen. Von dort kommt die Fülle die Quelle des Lebens, die Liebe. Die Liebe lässt uns Menschen gesunden.

Auf die Mutter wieder zugehen, trotz der Ängste, trotz des Schmerzes, trotz der Enttäuschung. „Ja, liebe Mama!" So kann endlich alles wieder ganz werden, was für ein Segen, was für eine Erleichterung, welche Freude, Heilung!

Meditation

Kehre ein, ein in dein Sei. Die Zeit dreht sich zurück, du wirst jünger und jünger und jünger. - Pause -!

Du erinnerst dich jetzt an eine Situation, an eine Situation, in der du von deiner Mutter getrennt warst, sie für dich nicht anwesend war, obwohl du sie unbedingt gebraucht hättest. Ein Bruch, ein tiefer Schmerz, vielleicht Wut, eine Ohnmacht, ein nicht Verstehen können, eine tiefe Trennung breitete sich in dir aus.

Vielleicht warst du noch ein kleines Baby und deine Mutter konnte deinen Hunger nicht sofort stillen. Vielleicht warst du ein Kindergartenkind und du wurdest von deiner Mutter etwas später, als erwartet, abgeholt. Vielleicht warst du ein Schulkind und deine Mutter hat sich nicht über deine Noten gefreut. Vielleicht befindest du dich in einer ganz anderen Situation. - Pause -

Egal was damals geschehen ist, überprüfe jetzt, wie und warum du dich damals von deiner Mutter zurückgezogen, abgewendet hast. Schaue dir diese Situation genau an und fühle sie! Spüre deine Verletztheit, deine Verzweiflung, deine Angst, den Groll, die Wut, dein Allein sein! - Pause -

Deine Mutter war damals nicht für dich da, sie hat nicht so reagiert,nicht so reagieren können, zumindest nicht so, so wie du es erwartet oder du es dir gewünscht hast.
Eine für dich damals sehr schmerzliche Situation, die du als Trennung erlebt und abgespeichert hat. Ein Trauma! Ein Trauma, das du, ganz ungewollt in deinem Körper immer noch trägst. Ein prägendes Trauma. Damals hast du etwas beschlossen. Was hast du beschlossen? - Pause -

Vielleicht hast du damals ,bewusst oder unbewusst, beschlossen: „Nie mehr möchte ich diesen Schmerz erleben, ertragen!“ Spüre und höre genau in dich hinein! - Pause -

Zwischen dir und deiner Mutter wurde eine Art Mauer errichtet, ein Graben gezogen. - Pause -

Erinnere dich, du warst es, du warst die Person, die diese Mauer errichtet, den Graben gezogen hat. Du wusstest nicht wie du damals reagieren solltest und hast aus Wut, aus Zorn, aus Unwissenheit, aus Angst und aus einer großes Hilflosigkeit heraus diesen Weg gewählt. Es entstand eine Distanz, Distanz hin zur Mutter und dadurch auch hin zu den anderen Menschen, hin zum Leben und eine Distanz hin zu dir. - Pause -

Vielleicht hast du damals nicht nur beschlossen: „Nie wieder lasse ich mich verletzen, nie wieder vertraue ich einer Person, sondern hast damals auch einen Schuldigen gesucht und auch gefunden.!“ Und heute suchst du noch immer Schuldige und findest Schuldige. Die anderen sind Schuld. Die Eltern sind schuld, dass es mir so schlecht geht; der Lehrer ist schuld, dass ich schlechte Noten schreibe; der Arbeitgeber ist schuld, dass es mir an meinem Arbeitsplatz nicht gefällt! Ist es nicht interessant, dass sich immer ein Schuldiger findet? - Pause -

Spüre und schaue tief in dich hinein, was fühlst du? Was denkst du?
Spürst du diese Hilflosigkeit, diese Traurigkeit, diese Einsamkeit? Denn umso mehr Schuldige du suchst und findest, umso einsamer bist du! Immer wenn wir einen Menschen, sei es die Mutter, der Vater, die Schwester, der Bruder ..., für schuldig erklären, schwindet die Fülle aus unserem Leben, weil wir immer mehr Menschen ausschließen. Die innere Quelle versiegt mehr und mehr. - Pause -

Niemand hat Schuld! Niemand hat Schuld und niemand schuldet dir was. Deine Mutter hat dich geboren und das ist genug. Mehr als genug, der Mutter heute danke zu sagen, sie anzuerkennen, das steht an. Deine Mutter schuldet dir nichts. Erkenne an, dass du heute genau der Mensch bist, der du bist. Mit all den Erfahrungen die du erlebt hast. Nimm alles an von deiner Mutter, das Gute und das Schmerzliche, das ganze Schicksal.

Jeder Mensch ist schon einmal verlassen worden. Jeder weiß, dass sich das nicht gut anfühlt. Kein Mensch kann verhindern, dass er verlassen wird und kein Mensch will verlassen werden. Wir werden dennoch einfach verlassen. Wir werden verlassen und wir verlassen Menschen!
Wir verlassen Menschen, damit Neues geschehen kann. Es ist wichtig zu wissen, hier gibt es keinen Schuldigen, es geschieht und es muss geschehen.

Jeder von uns wurde in gewisse Umständen hineingeboren, in Schicksale, die uns geprägt haben. Ebenso erging es meiner und deiner Mutter, meinem und deinem Vater, uns allen. Keine Mutter ist als Mutter geboren, kein Vater ist als Vater geboren! Jede Mutter und jeder Vater wächst in diese Rolle, während des Lebens hinein und alle Eltern lernen, Eltern zu sein. Egal was in unserem Leben geschehen ist, wir können Gutes daraus machen und auch gute Schlüsse daraus ziehen. Wenn wir denn wollen! Es hängt ganz alleine an unserem eigenen Willen. Wenn ich meiner Mutter grollen möchte und sie deshalb auf irgend einer Art und Weise verfolgen will, verfolgen bis hin zum Tod, dann schade ich mir in erster Linie selbst.

Es gibt keinen Grund zu Grollen und auch keinen Grund irgendjemandem etwas zu neiden. Jeder hat sein Schicksal und du weißt nicht warum das so ist und auch nicht für was es gut ist. Jeder kennt diese Prozedur. Einer gibt es den anderem Sippenmitglied weiter. Die ganze Sippe trägt das Schicksal, jeder ist beteiligt, jeder auf eine andere Art und Weise. Ein Schicksal ist ein Verbund.

Niemand trägt ein Schicksal alleine, Niemand löst es für alle! Jeder gibt einen Teil dazu bei. Jeder muss seinen Abnabelungsprozess selber durchleben, durchleiden, die Gefühle integrieren, dann auch der Heilung zustimmen. Heute weißt du mehr, hast ein anderes Verständnis für dich, für deine Familie, für die Menschen, die dir zur Seite gestellt wurden. Und deshalb hast du die Möglichkeit und auch die Verantwortung, neue Wege einzuleiten. Öffne dein Herz, stimme deiner Mutter zu und lasse Heilung geschehen, indem du deiner Mutter sagst: „Du hast mich geboren und dafür danke ich dir sehr!" „Liebe Mama ich bin das was ich bin!" Gehe dann auf deine Mutter zu und lasse dich umarmen.

Eine weitere Abnabelung ist vollbracht. Lächle deiner Mutter zu!

Verlassen werden

Nochmals hin zum Verlassen werden, weil es ein wichtiges und ein sehr großes Thema ist. Jeder weiß es, kein Mensch möchte verlassen werden. Dennoch hat es jeder Mensch schon erlebt, wir werden verlassen. Wir alle wissen um den Schmerz, wir wissen es tut weh, es zerreißt uns. Wir alle kennen das Gefühl der Zerrissenheit, der Verzweiflung, der Angst, der Ohnmacht. Wir alle wissen wie sich verlassen werden anfühlt. Verlassenheit mach Angst.

Immer wieder loslassen. Loslassen müssen, ob wir wollen oder nicht. Jeder Mensch kann immer wieder verlassen werden. Jeder Mensch muss immer wieder loslassen lernen. Loslassen, verzeihen, verzeihen können. Jeder Mensch wird dann wieder auf irgend einer Art und Weise verlassen. Wir werden verlassen und wir verlassen Menschen. Verlassen werden geschieht einfach. Manchmal wissen wir nicht warum. Auch wenn wir uns vornehmen, alles zu tun, um ja nie wieder verlassen zu werden, wir können uns davor nicht schützen. Wir haben es nicht selbst in der Hand.
Wenn wir uns mit dem Verlassen-werden auseinandersetzen, können wir verstehen warum dies immer wieder geschieht oder vielleicht sogar geschehen muss. Entwickeln wir dafür ein Verständnis, dann tut es nicht mehr so weh. Nicht mehr so weh, weil wir dann Verlassen-werden in einem größeren Kontext betrachten und auch warten können. Warten bis wir wieder bereit sind, bereit für ein Miteinander.

Müssen wir doch immer mal wieder einen geliebten Menschen loslassen, loslassen, damit etwas Neues geschehen kann. Damit wir unsere Prozesse durchlaufen können. Das ist die Schule des Lebens. Immerwährende Loslösungsprozesse, Geduld, Läuterung. Die Läuterung macht uns Menschen weich, verwandelt den Hochmut in Demut, öffnet unser Herz, lässt Gefühle zu, Transformation kann geschehen. Allerdings müssen wir uns dafür entscheiden. Entscheiden durch den Prozess durchzugehen, egal wie lange er dauert, egal wie schwer es uns fällt. Nicht aufgeben, nach vorne schauen, verzeihen üben, ans Gute glauben. Ja, ja, das ist schwer!

Vater

Mein Vater und meine Mutter, sind die zwei Personen, denen ich mein Leben verdanke. Die zwei haben mich gezeugt und ja zu mir gesagt. Ohne ihnen gäbe es kein Leben für mich, für dich, hier auf dieser Erde. Jedes Kind ist das Fleisch und das Blut des Vaters und der Mutter.

Wenn wir unserem Vater böse sind, mit ihm in Unfrieden leben, dann sind wir auf der Suche. Eine immerwährende Unruhe breitet sich mehr und mehr in uns aus. Wir finden keinen Frieden, keinen Sinn, keine Freude und wissen erstmals gar nicht warum. Was suchen wir eigentlich? Wir wollen den Vater zeigen, dass wir es besser wissen, wir wollen ihn übertrumpfen, ihn beweisen, dass er Dinge falsch gemacht hat. Ich, das Kind weiß selbstverständlich viel besser Bescheid, er, der Vater macht so viel falsch, ich würde ganz, ganz, ganz anders handeln.

Den Vater übertrumpfen wird keinem Kind gelingen. Denn die Kraft, die Lebenskraft, der Stolz und der Friede kommen aus den Wurzeln des Vaters und natürlich aus den Wurzen der Mutter. Der Vater ist die Wurzel für das Kind, nicht umgekehrt. Die Mutter ist die Wurzel für das Kind und nicht umgekehrt.

Solange das Kind seinen Vater nicht anerkennt, so wie er ist, mit all seinem Schicksal, mit all seinem Mühsal, mit all seinem Können, mit all seinem „Sein", solange ist das Kind auf der Suche. Es sucht seine Wurzeln, den Frieden, die Lebenskraft, die Daseinsberechtigung, die „Seins-Berechtigung".

Kinder die den Vater nicht anerkennen, tragen sehr häufig, eine große Wut, den Neid, Härte, vielleicht sogar den Hass in sich. Sie meinen, sie müssten sich beweisen. Das Kind vergisst dabei, aus dem Herzen heraus zu leben, denn der Beweis kommt vom Verstand, verschließt das Herz. Den Vater und auch die Mutter nehmen wir immer mit, sie sind ein Teil von uns. Wir sind das Fleisch und Blut von ihnen. Dies gilt auch für die Menschen, die ihren Vater oder ihre Mutter nie bewusst kennen gelernt haben.

Vielleicht hat dein Vater noch nie zu dir gesagt: „Ich liebe dich!" Vielleicht forderst du diesen Satz bewusst oder unbewusst ein. Liebe kennt keine Forderung, Liebe geschieht. Vorwurf und Forderung verschließen das Herz. Das Herz wieder öffnen können, setzt Demut, sich selbst verzeihen können, Liebe voraus. Dies kann und wird gelingen, wenn ich das Bild, das ich mir von meinem Vater gemacht habe, in mir verändere. Ich kann, du kannst jetzt alles einmal ausatmen, alles, vollkommen alles, ausatmen, einfach ausatmen, einfach leer machen.

Die Erkenntnis: „Hätte doch mein Vater all die Liebe, all die Fürsorge erhalten, die er benötigt hätte, dann könnte er mir seine Liebe viel mehr zeigen!" Diese Erkenntnis versöhnt.

Gehe ich hin zu meinem Herzen und sage meinem Vater: „Danke lieber Vater, danke lieber Papa, danke dass du, zusammen mit meiner Mutter, ihr zwei, mir mein Leben geschenkt habt!" „Danke!" „Ich bin der, der ich bin, weil es dich gibt!" „Dich erkenne ich an, mit all deinem Sein, ich erkenne mich an, mit all meinem Sein!" „Ich, ich ganz alleine, ich selbst habe es in der Hand, aus meinem Leben etwas Gutes zu machen!" „Ich nehme mein Schicksal an, ich nehme es in Liebe an und helfe mit, Veränderungen, gute Veränderungen zu suchen, einzubringen!" „Danke lieber Vater!" „Lieber Vater ich ehre, achte, ich liebe dich!" „Ich bin ein Teil von dir!" Gehe ich mit dieser liebevollen Einstellung hin zu meinen Vater, dann, ja dann kann und wird Gutes geschehen.

Meditation

Schließe die Augen und kehre ein, ein in dein Sein! Entspanne dich und atme aus. Vielleicht ist dein Vater bereits verstorben und vielleicht hast du ihn niemals kennen gelernt. Das macht nichts. Atme aus! Atme alles aus! – Pause –

Atme aus und stelle dir vor, dass du immer jünger, jünger, jünger wirst, bis du dich letztendlich als Baby erleben kannst. Du bist hier auf Erden angekommen, willkommen, gewollt, frei. Als neugeborenes Baby liegst du nun in den Armen deines Vaters. Er hält dich liebevoll in seinen Armen und schaut dich an. Er ist stolz, stolz dich in seinen Armen halten zu dürfen. Er haucht dir den Odem ein. All die Luft, die du zum Atmen benötigst kommt nun von ihm. Spüre, wie der Odem durch deinen kleinen, so reinen, hell erleuchteten Babykörper fließt. Dein ganzer Körper wird mit Sauerstoff versorgt. – Pause –

Dein Papa, er hält dich, er liebt dich und er freut sich. Er freut sich, Dankbarkeit und Frieden strahlt er aus. Er freut sich weil du da bist. Er hat auf dich gewartet. Er hat dich erwartet. Dein Papa. Liebevoll streichelt er deine Wangen und er küsst dich auf dein kleines Näschen. Du bist bereit, bereit für dieses Leben. Du fühlst dich geborgen. In dir breitet sich eine große, große Dankbarkeit aus. Ganz sanft drückt dich dein Papa an sein Herz. Du fühlst seinen Herzschlag. Atme ein, atme aus, atme ein, atme aus. Dein Papa.

Eine tiefe, tiefe Verbundenheit, eine tiefe, tiefe Liebe, eine tiefe, tiefe, gesunde, demütige Dankbarkeit. Du genießt diesen Halt, diese Zuneigung, diese Nähe, diese Liebe, diese Freude, den Frieden. Zusammen mit deinen Papa. Dein Papa. Danke lieber Papa!

Gestalte dir für die Zukunft ein schönes Bild, ein Bild mit dir und deinem Vater. Gib das Bild in Gottes Hand und lasse es geschehen. Geschehen hin zum Guten.

Das Kind anschauen

Erwartung macht unfrei. Denjenigen der erwartet und denjenigen von dem erwartet wird. Erwartung erzeugt Abstoßung. Hast du Geduld, ein Vertrauen auch, dann wird, eines Tages, das kommen worauf du wartest. Es wird in dein Leben kommen, wenn du deinem Kind den Freiraum gibst und nicht beständig auf es hinschaust.

Erwarte nichts, stattdessen helfe deinem Kind. So vieles stürzt auf die jungen Menschen ein. Es ist nicht leicht den Druck stand zu halten. Sich in diesem Ganzen, Vielem orientieren zu können. Hilf deinem Kind darin, dass du ihm keinen Druck gibst. Ihm, so weit wie es dir möglich ist, nicht mit einer Erwartungshaltung bedrängst. Ihm auch zugestehst, sich die Zeit zu nehmen die es braucht, um sich orientieren, sich auch selbst erleben, sich immer wieder aufs Neue selbst kennen lernen zu können. Zeit um sich zu spüren. Unterstütze dein Kind insofern, dass du es aufforderst an seinen Traum zu glauben. Zeige deinem Kind auf, dass all jene erfolgreich sind, die an sich selbst glauben, die genau wissen was sie wollen und sich von der einen oder anderen Schwierigkeit nicht abhalten lassen.

Erkläre deinem Kind, dass es Grenzen der Systeme gibt, die es gilt zu respektieren und zu akzeptieren, das heißt jedoch nicht, sie als die einzige Wahrheit anzunehmen. Und es heißt schon gar nicht, zu glauben, keine andere Wahlmöglichkeit zu haben. Hilf ihm, dass es sagen kann: „Ja, all das ist eine Wirklichkeit, aber nicht die einzige!“ Hilf ihm, dass es sagen kann: „Es ist mein Wunsch, hier hin ruft mich mein Herz und ich werde mich davon nicht abhalten lassen, mein Ziel zu erreichen!“ Lerne deinem Kind mit seiner eigenen Geisteskraft zu arbeiten. In sich die Bilder zu suchen, die innere Stimme zu hören. Zu denken, überdenken, hinterfragen, neu kreieren, suchen, finden, akzeptieren, nicht akzeptieren. Hilf deinem Kind, im Kopf frei sein zu dürfen. Führe es somit aus den bisher gedachten Begrenzungen heraus, dann werden sich ihm Türen und Möglichkeiten öffnen. Vermittle deinem Kind: „Du bist stark!"

Und kommen dann die Zeiten, in denen sich dein Kind im Außen orientieren möchte, dich als Mutter oder als Vater vielleicht ablehnt, dann lasse es geschehen. Lasse es geschehen, tut es auch weh. Das Kind muss sich ja auch abnabeln dürfen. Neues suchen, mit anderen Menschen Schritte gehen. Sich ein eigenes, ein ganz anderes Leben aufbauen. Eigenständig Erlebnisse und Erfahrungen sammeln. Wissen, als Elternteil wissen, jetzt ist es an der Zeit, jetzt trete ich zurück. „Du, liebes Kind, schmiedest dir jetzt deinen Plan, deinen Lebensplan." „Du, liebes Kind, entscheidest ob, wann und welche Hilfe du, von deinen Eltern, annimmst oder ablehnst." Wieder ein Abnabelungsprozess! Vielleicht zeitweise ein schmerzlicher Prozess. Jedoch ein wichtiger Prozess! Sollen doch die Kinder als selbständige Individuen in die Welt hinaus marschieren dürfen.

Segne dein Kind immer wieder, segne auch die Menschen mit denen es sein Leben lebt. Vertraue, vertraue und wisse es geschieht, zur richtigen Zeit wird uns die Göttliche Kraft wieder vereinen.

Wisse und erinnere dich daran, jedes Familienmitglied ist einzigartig, individuell. Das eine Mitglied muss vielleicht hinaus in die Welt, sich vielleicht erstmals ganz und gar abwenden. Ein anderes Mitglied möchte vielleicht im Haus der Eltern leben, ein weiteres Mitglied hat wieder andere Wünsche, Sehnsüchte, Aufgaben. Alles annehmen, so wie es sich zeigt, ausprobieren lassen, die Kinder selbst entscheiden lassen, dann wird letztendlich alles gut.

Meditation

Kehre ein, ein in dein Sein! Schau auf dein Kind. Was siehst du? Stelle dich deinem Kind gegenüber und beobachte dein Kind und beobachte dich! Was siehst du? – Pause –

Was fühlst du? Was fühlt dein Kind? Du hast jetzt die Möglichkeit die Nabelschnur nochmals bewusst durchzuschneiden, dich und dein Kind bewusst freimachen. – Pause –

Was geschieht? Wie geht es dir? Ist es dir gelungen, die Nabelschnur durchzutrennen? Wenn nicht, dann versuche sie nochmals durchzutrennen. Sehe eine eigenständige Person in deinem Kind und sehe eine eigenständige Person in dir! – Pause –

Wie geht es deinem Kind? Kann sich dein Kind von dir lösen? Oder braucht es eine Erlaubnis von dir? Fühle genau nach! Wenn dein Kind eine Erlaubnis von dir benötigt, dann erteile deinem Kind die benötigte Erlaubnis. – Pause –

„Liebes Kind du bist frei und ich bin frei!" oder „Liebes Kind ich gebe dich jetzt frei!" Überlege ob der richtige Satz dabei ist, wenn nicht, dann kreiere dir den richtigen Satz und gebe dein Kind frei.

Wie geht es dir mit deiner Freiheit und wie geht es deinem Kind?

Opfer / Täter

Waren wir nicht alle schon einmal Opfer und auch Täter? Haben wir nicht schon alle am eigenen Körper gespürt was es heißt, die Rolle eines Opfers oder eines Täters einzunehmen? Beide Rollen fühlen sich nicht gut an, eher unfrei, beide sind belastend. Ist es nicht so, dass es den Täter erst gar nicht geben müsste, wäre da nicht ein Opfer zu finden und umgekehrt? Hier ist nicht nur ein Täter gemeint, der sein Opfer umbringt. In unserem alltäglichen Leben begegnen wir immer wieder Opfer und Täter. In unserem alltäglichen Leben sind wir selbst immer mal wieder das Opfer oder der Täter.

Ohne Täter kein Opfer, ohne Opfer kein Täter. Die eine Rolle bedingt die andere. So wie Tag und Nacht zusammen gehören, gehören auch das Opfer und der Täter zusammen. Keine Rolle ist besser oder schlechter. Der Täter ist mit dem Opfer verstrickt und das Opfer mit dem Täter. So manches Mal kommen sie nicht mehr von einander los. Das heißt nicht, dass sie sich ständig sehen müssen. Es ist vielmehr so, dass sich diese enge Verbindung und Verstrickung im Kopf abspielen wird. Ein ständiges Hin-denken, Hin-fühlen und vielleicht auch ein Hin-riechen, entweder hin zum Opfer oder umgekehrt hin zum Täter. Sie kommen nicht voneinander los. Bis die Tat von beiden Seiten gesühnt ist.

Warum entwickelt sich ein Mensch zu einem Täter oder zu einem Opfer? Sowohl der Täter, als auch das Opfer stehen nicht für sich selbst ein. Sie übernehmen nicht die Verantwortung, die es in gewissen Situationen braucht. Beide missachten, misshandeln, missbrauchen sich selbst, sind aus ihren eigenen Augen betrachtet nichts, oder nur wenig wert. Lassen sich vielleicht einfach nur treiben. Treiben von den Verlockungen des Lebens und leben irgendetwas aus, was gar nicht zu ihnen gehört. Das kann Macht, Wut, Zorn, Neid, Habsucht, Selbstverherrlichung und ebenso Ohnmacht, sich alles gefallen lassen, helfen wollen, lieb sein, aushalten, mitmachen, eine gewisse Naivität sein. Diese Verlockung des Lebens unterlag auch Eva als sie die Frucht vom verbotenen Baum nahm. Die Schlange war der Täter, die Eva war das Opfer. Als Eva die Frucht an Adam weiterreichte, war allerdings Eva die Täterin und Adam das Opfer? Zu suchen und zu finden ist die Täter- und ebenso die Opferrolle nicht nur in der eigenen Familie, sondern im Kollektiv unseres Menschseins. Schon immer gab es Opfer und ebenso die Täter. Im Großen finden wir dies im Krieg, im Kleinen in den Familien.

Das Opfer bietet sich ganz unbewusst, über sein „Sein", über die Körperhaltung, über einen Blick, über die Ausstrahlung, über ein Verweilen, über ein Einlassen, über die ganze Erscheinung, dem Täter, an. Der Täter findet, ebenso ganz unbewusst, vielleicht sogar ohne zu wissen was er sucht, sein Opfer, dem er weh, etwas antun, missachten, misshandeln, verachten, ausgrenzen kann. Somit haben beide das gefunden und bekommen, was sie unbewusst suchen, ausstrahlen. Das Opfer ist, vielleicht unbewusst oder auch bewusst auf der Suche nach dem Opfergefühl und der Täter sucht das Täter-Gefühl. Der Täter möchte sich selbst oder vielleicht irgendjemand anderen rächen. Oft weiß dies der Täter gar nicht. Es kann sein, dass in seiner Sippe einer Person Unrecht geschehen ist, für die er sich einsetzt, ohne es zu wissen. Das Opfer möchte ein Leid auf sich nehmen. Vielleicht sogar ein Leid, von einer Person, übernehmen oder wegnehmen. Dies kann nur ein Jesus Christus, jedoch kein Mensch.

Ein Auflösen kann nur geschehen, wenn beide erkennen, dass jeder seinen Teil dazu beigetragen hat. Jeder muss seinen Teil erkennen, anerkennen, anschauen, verstehen, die Verantwortung für den Schaden übernehmen. Der Täter hat sich am Opfer vergangen, deshalb ist es wichtig, dass das Opfer den Täter stellt. Das Opfer hat sich dem Täter dargeboten und muss den daraus entstandenen Teil, dieses Geschehens, anerkennen und auch tragen. Die Missetat muss beidseitig bereut und gesühnt werden. Ohne Reue und ohne Sühne bleibt die Türe, für eine Befreiung, geschlossen.

Meditation

Kehre ein, ein in dein Sein. Wann und bei welchen Personen übernimmst du die Täterrolle? - Pause -
Wie machst du das? Wie kommt es dazu? Wann kommt es dazu? Warum kommt es dazu? Warum ist oder sind ausgerechnet diese Person(en) das, die Opfer? Mit wem könntest du dich austauschen? – Pause -

Gibt es in deiner Familie oder in deiner Verwandtschaft ein Opfer oder ein Täter? Es ist egal ob diese Person lebt oder bereits verstorben ist. Schaue dir deine Familie, deine Sippe genau an und erkunde was in diesem Kreis geschehen ist. – Pause –
Kannst du Parallelen zu dir erkennen? Wie könntest du die Täterrolle ablegen? - Pause -

Wann und bei welchen Personen übernimmst du die Opferrolle? – Pause –
Wie machst du das? Wie kommt es dazu? Wann kommt es dazu? Warum kommt es dazu? Warum ist oder sind ausgerechnet diese Person(en) die Täter? Mit wem könntest du dich austauschen? - Pause -

Wie könntest du die Opferrolle und die Täterrolle ablegen?

Stelle dir den Täter vor und sage ihn: „Ich übernehme meinen Teil und dir lasse ich deinen Teil!“ – Pause - Was geschieht? Wie fühlt sich das an?

Stelle dir das Opfer vor und sage ihm: „Ich übernehme meinen Teil und dir lasse ich deinen Teil!“ – Pause – Was geschieht? Wie fühlt sich das an?

Meditation

Kehre ein, ein in dein Sein. Schaue auf dein Kind. Wie geht es deinem inneren Kind? Was siehst du? Wie bewegt es sich? Was fühlst du? – Pause –

Stelle Vater und Mutter dazu. Was siehst du? Wie geht es jetzt dem Kind, wie dem Vater, wie der Mutter? Wie verhält sich das Kind, der Vater, die Mutter? Darf sich das Kind frei bewegen, frei denken? Erlauben sich Vater und Mutter sich frei zu bewegen und frei zu denken?

Ist das Kind überfordert, unterfordert, verwirrt? Darf sich das Kind Zeit nehmen, um Dinge verarbeiten, auftanken zu könne? Gibt es da eine Zeit, in der Dinge ausgesprochen, durchdacht, hinterfragt, diskutiert werden können? – Pause –

Wird das Kind so akzeptiert, so wie es ist, mit all seinen Schwächen und mit all seinen Stärken. Werden seine Stärken gefördert? Die Schwächen gestärkt? – Pause -

Wann und in welchen Situationen benötigt das Kind die Hilfe vom Vater oder der Mutter, oder von beiden? Hilfst du deinem Kind, indem du mithilfst, es von Verwirrung und Verirrung zu befreien? Kennst du den Wunsch, das Ziel deines Kindes und unterstützt du es, ermutigst du es, sein Ziel, zu erreichen?- Pause –

Gut und Böse / Dunkelheit und Licht

Das Gute hinter dem Bösen und ebenso das Licht hinter der Dunkelheit zu erkennen, setzt voraus, in das Böse, in die Dunkelheit, zumindest ein wenig hineingeschnuppert zu haben. Am eigenen Leib das sogenannte Böse, die Dunkelheit zu erfahren, lässt verstehen: „Warum setze ich mich dem aus?“ Was verspreche ich mir davon? Warum entferne ich mich von Gott? Erfahrungen sammeln, herausfinden, wende ich mich dem Bösen, der Dunkelheit zu, ist der Zugang zu Gott deshalb versperrt? Oftmals mag es einen Menschen gar nicht gelingen, so ohne weiteres aus dem Bösen, aus der Dunkelheit wieder herauszufinden.

Hierfür wird das Gute, das Licht benötigt. Das Gute das Licht muss zur Hilfe eilen. Ein Erkennen, dass Unrecht geschieht. Hier ist Aktivität gefordert, nicht nur erkennen, sondern auch benennen, die nötigen Schritte einleiten, Einhalt bieten. Dies kann auch bedeuten, dass die eine oder andere Tat der Polizei gemeldet werden muss. Nur ein aktives Handeln, Auseinandersetzen, sichtbare Akzente setzten, zeigt, dass das Böse die Dunkelheit entdeckt, erkannt, ausgeleuchtet, angeschaut und überlegt wird, welche Handlungsweisen angebracht sind, sodass Neues geschehen kann. Das kann auch bedeuten, dass der eine oder der andere ins Gefängnis marschieren muss.

Es ist wichtig, als ein Jünger des Herrn, nicht nur einmal hinzuschauen, sondern wenn nötig zweimal, dreimal oder sogar viermal. Nicht wegschauen, sondern hinschauen, das Böse nicht gewähren lassen, das Licht nicht der Dunkelheit übergeben. Den Mund öffnen, Dinge die das Böse schüren an- und aussprechen.

Jeder kennt das Gefühl, wenn etwas entgleist, wenn etwas nicht stimmt. Jeder weiß, wie es sich anfühlt wenn keiner was sagt und letztendlich somit zustimmt. Den Mund öffnen und auch handeln, beides erfordert viel Mut. Viel Mut, denn so oft steht man alleine da, alleine auf weiter Flur. Viel einfacher ist ein Abwenden, ein Wegschauen, so tun, als sähe ich es nicht. Licht in die Dunkelheit zu schleusen beansprucht nicht nur deinen ganzen Mut, sondern auch ein gerades Rückgrat, Verantwortung, Dinge alleine meistern können, aus Abhängigkeiten auszusteigen, Weisheit, Demut, die Liebe zu Gott und somit die Liebe zu den Menschen. Immer wieder ein Alleine dastehen, denn die Menschen wenden sich all zu gerne erst einmal ab. Wenn alles vorbei ist, dann kommt der eine oder der andere wieder vorbei und will sich deine Gunst erschleichen. Auch hier ist es nötig alles anzusprechen, alles auszusprechen, die Dinge ins rechte Licht zu setzen.

Wenn auch von dem sogenannten Guten und dem sogenannten Bösen gesprochen wird, heißt dies noch lange nicht, dass nur das Böse, böse und das Gute gut ist, es bedeutet: „Das eine bedingt das andere!" Gäbe es das Böse nicht, gäbe es auch nicht das Gute. Es handelt sich um zwei gleichwertige Pole. Hier auf unserer Erde geht es darum, die Dinge neu anzuordnen, damit wir in unsere Mitte kommen, wir und unser Planet heilen können.

Die Macht hält den Menschen immer wieder in den Bann. Will doch oft ein Menschlein den lieben Gott spielen. Erhebt er sich doch nicht nur über seine Mitmenschen, sondern erhöht sich über Gott und die Welt. Sie dienen ihrem Ego, sind abgeschnitten von ihrem Göttlichen Kern, verleugnen, verachten ihn und wollen ihn auch nicht suchen. Sie liefern sich der dunklen Macht, dem Bösen aus und denken Macht hat mit Gerechtigkeit, mit Auserwählt sein, mit einer Sonderstellung zu tun. Gott sei dank wird jeder Mensch immer wieder eines Besseren belehrt. Denn jeder, ausnahmslos jeder Mensch wird immer wieder an seine Grenzen geführt. Grenzen können bedeuten, eine Möglichkeit das Licht zu suchen und zu finden. Ein überschreiten dieser Grenze kann bedeuten, das Licht geht an, die bisherig benötigten Grenzen stürzen nun von selbst ein, weil sie nicht mehr gebraucht werden. Jedoch gibt es Grenzen, wenn diese überschritten werden, wird es nicht nur dunkel, sondern dort geht jegliches erahnende Fünkchen Licht ganz und gar aus.

Meditation

Kehre ein, ein in dein Sein! Gibt es in deinem Leben eine Dunkelheit, die du einfach tolerierst, in dem du nicht hinschaust, nicht hinhörst, nicht hin fühlst?
- Pause -

Was muss angeschaut, an- und ausgesprochen werden? Schau es jetzt bewusst an und spreche alles aus, was ausgesprochen werden muss. – Pause –

Was geschieht? Wie fühlst du dich? Was weißt du jetzt? Wie möchtest Du in der Zukunft handeln?

Nehmen und Geben

Wer bittet, dem wird gegeben, wer anklopft, dem wird aufgetan! So steht es schon in der Bibel. Wer fordert und einfach die Türe aufbricht, muss erst den Schaden wieder beheben!

Das Nehmen und das Geben hat nicht einfach etwas mit „Nehmen“ und „Geben“ zu tun. Nein, beides, sowohl das Nehmen, als auch das Geben sollte wohl bedacht sein! Das Nehmen und auch das Geben können jeweils einen heiligen Akt darstellen. Genau dann, wenn beide, Nehmer und Geber, ihr Tun in Liebe vollziehen. Gott gab uns Menschen das Leben und wir haben es angenommen. Die Mutter stellt sich nicht nur mit ihrem Körper, sondern mit Körper, Geist und Seele dafür zur Verfügung. So wird jedem Menschen, der hier auf dieser Welt ankommt, gegeben. Das Leben gegeben.

Derjenige, der ohne Dank nimmt, oder sich sogar über den Geber lustig macht, hat es nicht verdient, ist nicht würdig etwas zu empfangen. Er kann das Empfangene nicht wertschätzen, nicht ehren und nicht achten und wird es wieder verlieren. Wie gewonnen, so zerronnen! Ehren und achten kann nur dann geschehen, wenn wir gelernt haben, uns selbst zu ehren und zu achten, uns zu lieben.

Der Geber hat die Pflicht zu überdenken, weshalb er gibt, weshalb der Nehmer nimmt. Ein gesundes Geben und ein gesundes Nehmen muss gelernt werden. Ein Prüfen warum gebe ich? Habe ich den Mut ohne Scham, „nein“ zu sagen? Nein, wenn ich als Gebender spüre, der Nehmer kann noch nicht aus Liebe nehmen, sondern fordert. Wer fordert maßt sich etwas an und handelt frech. Der Geber ist dann oftmals überfordert und gibt, obgleich er gar nicht geben wollte und auch nicht geben sollte. Er fühlt sich dabei auch nicht gut, findet keinen Frieden mit seiner Handlung. Der Nehmer fühlt sich auch nicht gut, weil er gefordert hat und sich vielleicht sogar schämt. Der Geber und auch der Nehmer müssen eine Lehre daraus ziehen, sodass ein gesundes, ein, aus Liebe entstandenes, Geben und Nehmen entstehen kann. Geschieht Geben und Nehmen aus Liebe, entsteht für den Geber als auch für den Nehmer ein Kraftakt. Ein Kraftakt, der sowohl den Geber als auch den Nehmer in eine tiefe Liebe katapultiert. Für diese beiden Seelen kann ein tiefer, heilender oder heiliger, Verbund entstehen, die Liebe kann, zwischen den beiden, hin und her fließen.

Auch der Nehmer hat die Pflicht zu prüfen weshalb er nimmt und ob ein Nehmen überhaupt angebracht ist! Mal hat der Nehmer das Recht zu nehmen, mal hat der Nehmer die Pflicht abzulehnen. Nur so kann eine gute Basis zwischen Nehmer und Geber entstehen.

Meditation

Kehre ein in dein Sein. Lieber Geber überlege, ehrlich und aufrichtig, wann hast du wem, weshalb, etwas, wie gegeben. – Pause –

Verändere nun die Situation von damals. Wäre ein Geben nicht angebracht gewesen, dann gebe jetzt nicht und kommuniziere weshalb du nicht gibst. Was entsteht Neues und wie fühlst du dich dabei?- Pause –

In welcher Situation hättest du geben können, aus Liebe geben können und du hast es dir nicht erlaubt? Gebe jetzt aus Liebe. Was entsteht Neues und wie fühlst du dich? - Pause –

Verändere im Geiste alle Situationen des Gebens, sodass du dich wohl fühlst, sodass sich in dir ein Kraftakt einstellen und Liebe fließen kann. – Pause -

Lieber Nehmer überlege, ehrlich und aufrichtig, wann hast du bei wem, weshalb, etwas, wie genommen. – Pause –

Verändere nun die Situation von damals. Wäre ein Nehmen nicht angebracht gewesen, dann nehme jetzt nicht und kommuniziere weshalb du nicht nimmst. Was entsteht Neues und wie fühlst du dicht? – Pause –

In welcher Situation hast du gefordert? In welcher Situation hättest du lieber nicht fordern sollen? Fordere nun nicht, sondern bitte! Was entsteht Neues und wie fühlst du dich?

Verändere alle Situationen des Nehmens, sodass du dich wohlfühlst, sodass sich in dir ein Kraftakt einstellen und Liebe fließen kann. Kraft und Liebe für den Nehmer und für den Geber.

Liebe

Liebe, was für ein großes Wort. Wir können es gar nicht fassen, was sich alles hinter diesem Wort verbirgt. Es ist ein Unterschied zu lieben oder lieb zu sein. Lieb zu sein ist so wie schleimen, sich einschleichen, dies zu tun was andere Menschen erwarten. Die anderen Menschen an erster Stelle stellen, um dann vielleicht ein Lob oder eine sonstige Streicheleinheit zu erhaschen. Der Wunsch, eventuell auf die Liste der besten Freunde geschrieben zu werden, um deren Feste alle mitfeiern zu dürfen. Und wehe bleibt dieses erwartete Lob, diese erwartete Streicheleinheit aus und der eigenen Name wird weder auf die Freundesliste geschrieben, noch folgen Einladungen für diverse Feste, dann beginnt der Ärger, der Zorn, die Wut, der Neid, ja vielleicht sogar der Hass, in manchem Menschen, zu wirken. Oftmals endet eine solche unehrliche Beziehung in einen Streit, in Selbstmitleid, in Schuldzuweisungen, in einer Sackgasse. Für einen Menschen, der einfach nur lieb sein will, ist es unverständlich, wenn sein Gegenüber, sein Verhalten nicht würdigt, nicht erkennt, dass er sich doch ihm zuliebe verbiegen, aufarbeiten, lügen, ihm alles zutragen, vielleicht sogar seine Last mittragen, ihm sein Leben erleichtern möchte. Warum erntet er von seinem Gegenüber keinen gebührenden Lohn?

Nicht mehr lieb zu sein, sondern lernen sich selbst zu lieben, „ja“ zu sich selbst sagen zu können, heißt gewillt zu sein, seinen gesunden Menschenverstand einzusetzen, Haltung für sich selbst einnehmen, auf sein Herz, auf die eigene innere Stimme zu hören. Den Ruf Gottes hören und ihm folgen. Liebe birgt Gutes in sich, höchste Wertschätzung, stärkste Zuneigung, eine tiefe, innige Verbundenheit zu sich selbst, zu einer Person, oder auch zu mehreren Personen.

Liebe heißt den Mut aufzubringen, den Mut, sich selbst in eine intensive Arbeit, Prozessarbeit zu begeben. Eine Beziehung zu sich selbst aufbauen. Lernen den Mund zu öffnen, wenn es angebracht ist und den Mund verschlossen halten, wenn Pause angesagt ist. Ja, wir, jeder einzelne von uns weiß recht viel, dennoch ein Abwägen, abwägen wo manch ein Mensch um uns herum steht. Eine Verletzung ist schnell ausgesprochen. Hier geht es jedoch um Liebe. Liebe kann in Achtsamkeit geschehen. Dinge die angesprochen werden müssen, sollen auch zum Ausdruck gebracht werden. Dies kann jedoch nicht immer in einer gesunden Dosis geschehen, weil sonst kein Prozess in Gang kommen kann.

Liebe, die ausgesendet wird, fließt immer auf irgendeinen Weg wieder zurück. Dies kann nur dann geschehen, wenn sich nicht die Erwartung einschleicht. Liebe gelingt nur ohne Erwartung, ohne Bedingung. Liebe kann fließen, wenn ich den Zugang zu mir gefunden habe. Wenn ich „ja“ zu mir sage. Ein „Ja“ zu mir, kann ein „Nein“ für eine andere Person bedeuten.

Erst wenn wir erkennen, wenn wir wissen was wir tun, dann können wir die Dinge benennen und anschließend, nach und nach, verändern. Bei mir angekommen, ein Zustand der sich dann einstellt, wenn ich mit mir im Reinen bin. Ja, auch wenn es oben schon ausführlich beschrieben wurde, nochmals: „Liebe kann geschehen, wenn ich mit meinen Eltern im Reinen bin! Die Liebe öffnet alle Türen, die Macht jedoch, verschließt den Zugang der Liebe!“

Meditation

Kehre ein, ein in dein Sein. Vor deinem geistigen Auge erscheint eine Person. Eine Person, bei der du dich eingeschlichen hast, ihr gefallen wolltest. Betrachte sie dir genau. Wie verhält sie sich dir gegenüber? Was empfindet sie für dich? Wie fühlst du dich ihr gegenüber? Warum willst du ihr gefallen? Was versprichst du dir davon? Bitte um eine Lösung! Schaue dir die Lösung an und spüre dabei, in dir, nach! – Pause –

Sage zehn Mal den Satz: „Ich bin liebenswert, weil ...(setze hier jeweils eine andere Eigenschaft von dir ein). Z.B.: Ich bin liebenswert, weil ich zuhöre, ..., weil ich aufmerksam bin, ..., weil ich mitfühle, ..., weil ich hilfsbereit bin, weil ich auch auf mich schaue, usw. Höre die Antworten, die in dir entstehen! Fühle nach was du nach jedem vollständigen Satz fühlst! Was siehst du?

Vor deinem geistigen Auge erscheint nun eine andere Person. Eine Person, die du liebst. Schaue dir diese Person genau an und fühle in dich hinein? Genieße dieses Gefühl, genieße was du siehst, genieße was du hörst! Erkenne den Unterschied zwischen lieb sein und lieben! Sende der geliebten Person Herzstrahlen! – Pause –

Sende der Person, bei der du dich eingeschlichen hast, ebenfalls Herzstrahlen! Was geschieht? Was weißt du jetzt? Wie wirst du in der Zukunft handeln?

Trauer

Trauer, vielleicht ein tiefer, langer Prozess, der sich im Inneren vollzieht. Trauer birgt den Abschied, das Loslassen, das Sterben. Es ist ein schmerzlicher und auch ein würdevoller Vollzug. Ein Verabschieden von einem geliebten Menschen und so manches Mal von einem geliebten Tier. Trauer, traurig sein, weil sich ein Mensch von mir trennt. Wenn es der Mensch zulässt unmittelbar nach einem schmerzlichen Verlust zu trauern, dann erkennt er die Realität an, dann stellt er sich, dann gibt er dieser vorausgegangenen Seele die Ehre, dann verabschiedet er diese geliebte Seele und lässt sie, nach und nach, los, in liebe ziehen. So wird ein guter Platz, für diese Seele, im eigenen Herzen gefunden.

Trauern heißt auch weinen dürfen, das innere Beben, das Schluchzen, die Erschütterung, die sich einstellen möchten zulassen, sodass der Schmerz, mehr und mehr, überwunden werden kann. Über das Weinen werden die Schlacken aus der Seele heraus gespült. Das Weinen hilft, die Hilflosigkeit zu überwinden und dass wir uns mit uns und mit der Welt wieder aussöhnen können. Auch das Jammern: „Warum ist das ausgerechnet mir passiert!" darf sein, muss sein, damit sich wieder ein Heilen einstellen kann.

Trauern können, Trauer zulassen heißt, das was sich zeigt annehmen. Weder mit Tabletten, noch mit Hochmut oder irgendwelchen Riten nicht wahrhaben wollen, übergehen, verdrängen. Wenn wir die Trauer einfach übergehen, verdrängen, nicht wahr haben wollen, dann wären unsere Beziehungen zu geliebten Menschen, doch gar nichts wert. Nichts wert, wir würden einen verstorben Menschen einfach auslöschen, so tun als würde uns dies nichts ausmachen.
Über die Trauer wird, nach und nach, der Schmerz überwunden und dann auch wieder Fülle erlebt. Fülle, indem ich die Seele nicht verbanne, sondern mitnehme, hinein in mein Herz, somit hinein in mein Leben. Ressourcen entstehen, Ressourcen, die ich nehmen und nutzen kann und darf.

Ein Trauern ist auch angebracht wenn sich ein geliebter Mensch von uns trennt. Sei es, dass das Kind die Eltern verlässt, eine Scheidung ansteht, eine geliebte Person sich abwendet usw.

Meditation

Kehre ein, ein in dein Sein. Erinnere dich, wann hast du nicht getrauert, die Trauer unterbunden, verdrängt, nicht gelebt, nicht durchlebt. Welche Person hast du nicht betrauert? – Pause –
Warum hast du nicht getrauert? Warst du zu sehr verletzt, zu stolz, überfordert? Nimm dir jetzt die Zeit zu trauern. Weine wenn dir zum Weinen zu mute ist. Weine, atme, atme aus, atme aus, atme aus, gib ab und nimm auf! –Pause –
Wenn du möchtest, stelle in den nächsten Tagen eine Kerze für die Person(en) auf, denke in Liebe an sie und sage „Danke!"

Worte

Plappere nicht einfach Worte nach, denn wahre Worte ergeben sich aus dem selbst Erlebten und dem selbst Durchlebten. Also erlebe, durchlebe und benutze dann die dazu passenden Worte. Plapperst du einfach nur Worte nach, dann fühlst du dich selbst nicht wohl und die Menschen, die sich deine nachgeplapperten Worte anhören müssen, fühlen sich auch nicht wohl. Wir, alle, jeder für sich weiß es ja selbst und zwar aus eigener Erfahrung, nachgeplapperte Worte können uns nicht aufrechterhalten. Ein aufrechter Halt benötigt die richtigen Worte und die dazu passenden Gefühle, Taten. Nachgeplapperte Worte sind, mehr oder weniger, nur oberflächlicher Natur, weil die dazugehörigen Erfahrungen, Gefühle fehlen.
Fehlen die dazugehörigen Erfahrungen, Gefühle, dann können wir Menschen auch nicht gerade stehen und auch nicht dafür einstehen, denn wir wissen ja gar nicht was wir sagen.

Wähle deine Worte genau! Worte haben Macht. All zu schnell können sie Personen verletzen, kränken, beschämen, ausschließen, traumatisieren. Worte verhalten sich wie ein Bumerang, sie kommen auf uns zurück.

Meditation

Kehre ein, ein in dein Sein. Stelle dir eine Situation vor, in der du einfach Worte nachgeplappert hast. – Pause –

Was siehst du? Was fühlst du? Warum hast du diese Worte gewählt?- Pause –

Verändere nun dieses Bild, das du siehst und auch das Gefühl, das du fühlst, indem du nun deine eigenen Worte bildest und eingibst. Genau die Worte die aus dir heraus kommen. Wie verändert sich das Bild, wie verändert sich dein Gefühl?- Pause -

Nimm die Veränderung in dich auf und mit in dein Leben hinein!

Erinnere dich an eine Situation, in der deine Wortwahl Menschen verletzt, gekränkt, beschämt, ausgeschlossen, traumatisiert haben. Schaue dir jede Person genau an und fühle was sie fühlt! –Pause –

Erkenne, dass du dich in dieser Situation auch selbst verletzt hast. Vielleicht schämst du dich dafür und fühlst dich ausgeschlossen. Nehme die Verletzung wahr! – Pause –

Wähle nun Worte, Worte die Gutes eingeben! Gutes für die jeweilige(n) Person(en) und Gutes für dich. Atme alles Gute, das jetzt entsteht, ein!

Veränderung

Egal in welcher Situation wir uns befinden, vielleicht versuchen wir sie zu meistern, oder verschließen unsere Augen, um ja nicht mit dieser, uns dargebotenen Situation konfrontiert zu werden. Egal ob ich die jeweils neue Herausforderung annehme oder ablehne, egal ob du verzweifelt bist oder sogar ganz und gar am Boden zerstört dahinvegetierst, verändern kannst nur du, nur ich, ja, nur du deine, nur ich alleine meine Lebenssituation, Lebensweise. Veränderung hat mit Bewegung zu tun. Also begebe dich auf den Weg, scheue dich nicht, schaue dir ins Gesicht, damit du dich erkennen kannst, deine Wahrheit erkennst. Bist du bereit deine Wahrheit anzuschauen, dann, nur dann geschieht Veränderung.

Veränderung, indem du die dafür benötigten Schritte auch wirklich gehst. Jammern und Beschweren ist sogleich Stillstand, Rückschritt und letztendlich Aufgabe. Stillstand, Rückschritt, und Aufgabe entfernen uns von unserem Göttlich Kern. Zugang zum eigenen Göttlichen Kern ist jedoch die Voraussetzung der Eigenliebe. Nur über die Liebe kannst und wirst du alle deine Knoten oder Blockaden, die dich vielleicht im Moment noch zusammenhalten, lösen können. Bist du bereit, mutig und gewillt, dir deine Knoten, deine Blockaden anzuschauen, dann findest du Mittel und Wege sie zu lösen, dann trägt dich die Liebe. Ja, die Liebe ist dann dein Halt. Jedoch ist es hierfür notwendig, die alte hinderliche Vergangenheit in Liebe loszulassen.

In Liebe loslassen heißt auch, verstehen können warum ich mit so vielen, mit mir verstrickten Seelen in einer Art Gefangenschaft lebte. Loslassen heißt auch bereit sein, bereit den daraus resultierenden Schmerz zu tragen. Den Schmerz, den Verlustschmerz, den Loslassschmerz. Trage ihn aus, dann kann er auch ziehen. Halte keine Beziehung fest, keine! Lasse los, damit Befreiung und auch Neues, damit Veränderung geschehen kann.

Meditation

Kehre ein, ein in dein Sein. Vielleicht erscheint, vor deinem geistigen Auge eine Person oder mehrere Personen. Personen, die du schon lange hättest loslassen können. Loslassen, weil du vielleicht Zeit für dich selbst benötigst. Weil vielleicht dein Gegenüber mehr Zeit für sich benötigt oder weil sich, im Moment, jeder anders entwickelt, oder weil es wichtig ist, sich einer anderen Person voll und ganz zu widmen, oder weil..., oder weil...,

Schaue dir diese Person oder diese Personen, die sich dir zeigen, an und sage: „Danke!" – Pause - Schaue jetzt auf dich und sage: „Danke!" – Pause -

Spüre in dich hinein, nimm alles Gute in dich auf und lasse auch alles Gute bei der anderen Person, den anderen Personen. – Pause - Verweile noch einen Moment damit du auch wirklich alles in dich aufnehmen kannst.
Verweile, verabschiede dich erst dann, wenn der innere Prozess abgeschlossen ist. Verabschiede dich und lasse alles offen. Offen für eine neue Begegnung, wann immer diese stattfinden wird. Loslassen, einfach loslassen.

Meditation über Gefühle

Schließe die Augen, kehre ein, ein in dein Sein. Vergegenwärtige dir eine Situation, in der du dich von deinen Gefühlen wieder einmal treiben hast lassen. Wer hat dich, wer hat dein Herz verletzt und wie ist dies geschehen. Waren es Worte, war es eine Geste, war es ein Schweigen, ein Ignorieren, ein Schlagen, ein Abwerten, ein Ausschließen? Vergegenwärtige, fühle, höre, sehe, wer zeigt sich dir und wie verhält sich die Person? Wie verhältst du dich? – Pause -

Verändere nun die Situation, indem du der Person sagst: „Ich lasse es bei dir!" – Pause – „Ich bleibe bei mir!" – Pause - Spüre was sich in dir verändert, wiederhole diese Sätze solange, bis es sich in dir gut anfühlt. Nimm jede Veränderung in dich auf, auch das neue Bild, das in dir entsteht.

Mitleid

Befindet sich ein Mensch in einer schwierigen Situation, erhofft er sich Anteilnahme, kein Mitleid. Niemand will und niemand benötigt Mitleid. Mitleid verschlechtert die Situation, erzeugt Schuldgefühle, Minderwertigkeitsgefühle, Wut, Aggression, Abhängigkeit, Distanzierung, Trennung. Der Mensch, den du bemitleidest, kann dies nicht ertragen, er weist dich zurück, er zieht sich zurück, denn ihm wird seine Würde genommen. Du stellst dich auf ein Podest. Gedanken, wie: „Der Arme, der kann froh sein, dass ich helfe, der ist wirklich vom Leben gestraft usw.", sind Anzeiger meiner, deiner Hochnäsigkeit.

Mitleid kann schnell in Besserwisserei, Bevormundung, Erwartung, Arroganz, sogar in Bestrafung umschlagen. Nämlich genau dann, wenn der Mensch, dem ich, den du bemitleiden möchtest, nicht so handelt wie man es sich vorstellt. Wenn er dein Mitleid zurückweist und sich aus deinen Krallen löst und von dir wenig oder gar nichts mehr wissen möchte. Wenn er sich dir als ein vollwertiger Mensch zeigt, mit eigener Kraft sein Leben lebt, so wie er es für richtig hält. Schritte ausprobiert, die du niemals ausprobieren würdest.

Das vermeintliche Helfen ausschalten, den Menschen als gleichwertigen Menschen sehen, Mitgefühl zeigen, zuhören, dies ist eine gute Basis einer Annäherung. Mitgefühl heißt das Lösungswort. Mitgefühl hat nichts mit bestimmen wollen zu tun, nein in diesem Wort steckt Ruhe, weg vom eigenen

Ego, hin zum Dasein. Dasein, wenn es gewollt ist. Keine Arroganz, sondern eine Toleranz. Jeden Schritt tolerieren, kein Besserwisser sein, nicht zu denken: „Ich habe das beste Rezept für dein Leben!“ Jeder, ausnahmslos jeder kreiert sich sein eigenes Rezept für sein Leben. Vielleicht ist dies auch der Grund, dass es immer wieder eine Andersartigkeit, eine Vielfalt auf dieser Erde zu entdecken gibt.

Meditation

Schließe deine Augen und kehre ein, ein in dein Sein. An welchen Menschen denkst du? Was denkst du? Was siehst du? Was fühlst du? Wie geht es den Menschen, den du, vor deinem geistigen Auge, siehst? Wie bewegt er sich? Schaut er dich an? – Pause –
Sage der Person: „Dich habe ich klein gemacht und mich habe ich groß gemacht!“ „Ich habe dich nicht für voll genommen!“ „Ich habe dich bemuttert, dir sagen wollen, was du zu tun hast!“ „ Es tut mir leid.“ „Du bist vollwertig, gleichwertig!“

Andersartigkeit

Andersartigkeit, beinhaltet zwei Worte, anders und Art. Also andere Art. Andersartigkeit anerkennen, ein Verständnis entgegenbringen, ein Anerkennen auch, eine Erlaubnis geben, dem zustimmen, so wie es ist. Sich anders bewegen, anders sprechen, anders denken, anders handeln, anders leben dürfen. Andersartigkeit verlangt keinen Beweis, Andersartigkeit darf einfach nur sein, in Frieden sein und zwar in Frieden von beiden Seiten. Selbständig anders sein. Kein Anderssein von seinem Gegenüber fordern!

Meditation

Schließe die Augen und kehre ein, ein in dein Sein. Was bedeutet für dich Andersartigkeit? An wen oder was denkst du? Wie begegnest du der Andersartigkeit? Stehst du ihr aufgeschlossen oder eher verschlossen gegenüber? Was hast du erkannt? Wie möchtest du in Zukunft mit Andersartigkeit umgehen?

Das innere Rad

Es ist nicht angebracht dich zu quälen. Dich zu quälen, indem du immer wieder mit dem Kopf anschieben möchtest und du dir dabei deinen Kopf zermarterst, weshalb dir dies, das oder jenes nicht gelingen vermag. Alles was dir gelingen soll und zu deiner Bestimmung gehört, wird zu dir fließen und dir gelingen. Höre in dich hinein, schaue in dich hinein, vertraue deiner inneren Stimme und deinen inneren Bildern und handle dementsprechend. Vertraust du deiner inneren Stimme und deinen inneren Bildern, dann gelingt es niemandem mehr an deinem Rad zu drehen.

Dein inneres Rad ist immer für dich gelaufen und hat dich getrieben. Du dachtest und denkst vielleicht immer noch: „Alle anderen Menschen rennen doch auch durch das Leben, also muss ich auch ganz schnell rennen!" Rennen, wohin, weshalb und für wen? Gibt es eine Antwort?

Meditation

Kehre ein, ein in dein Sein. Wie schaut dein Rad aus? Wie schnell dreht es sich. Welche Menschen siehst du? Drehen auch sie an deinem Rad oder drehst du, nur du alleine an deinem Rad? - Pause –

Drehst du nur an deinem Rad, oder drehst du auch an den Rädern, die nicht zu dir gehören?

Sage der Person oder den Personen jeweils: „Du drehst dein Rad, ich drehe mein Rad!" Wiederhole diesen Satz einige Male und spüre in dich hinein. Wenn du möchtest, darfst du jetzt dein Rad etwas langsamer drehen lassen und vielleicht noch etwas langsamer und noch etwas langsamer und nochmals langsamer. Wie fühlt es sich an?

Angst

In unserem Leben wurden wir in mehrfacher Hinsicht in tiefe Gemeinschaftsformen hineingeführt. Oftmals konnten wir nicht verstehen, weshalb Menschen so grausam sein können und immer wieder aufs Neue grausam sind. Da gab es schon immer die Menschen die lügen, betrügen, missbrauchen, missachten, misshandeln, richten, Macht verkörpern, bestimmen wollen und andere ausschließen. Menschen, die sich alles gefallen lassen, die klein beigeben, sich opfern, Dinge zulassen, aus Liebe oder auch aus Angst schweigen, sich fügen, aufgeben, das Feld räumen, umfallen.

Ja, wir Menschen wurden und werden immer wieder damit konfrontiert. Konfrontiert was im Irdischen noch nicht im Guten ist, wie falsch verstanden Gemeinschaft, wie wenig sie gelebt wird, oder wie wenig Gemeinschaft gelebt werden kann. Du weißt auch, dass es ein Aufgabenbereich von uns Menschen ist, das Miteinander anders, neu mit zu gestalten. Unsere Bemühung ist nicht nur eine kleine Aufgabe, nein, da wir von Anfang an keine optimalen Bedingungen, hier auf dieser Erde vorfinden, führt uns diese, deine, meine, unsere Aufgabe, so manches Mal, in die tiefsten Gebilde der Verzweiflung, der Verwirrung, der Verirrung und letztendlich auch in die Angst hinein.

Vielleicht wurdest du viele Male von Angstattacken heimgesucht. Vielleicht wirst du noch immer von Angstattacken heimgesucht. Aus dem Nichts setzt plötzlich intensive Angst ein, sie steigert sich innerhalb weniger Minuten zu einem Höhepunkt. Die psychischen und die physischen Symptome sind dabei sehr eng miteinander verbunden. Hitzewallungen, Beklemmungsgefühle, Zittern, Benommenheit, Schwitzen, Schmerzen in der Brust, trockener Mund, Atemnot, Ohnmachtsgefühle stellen sich ein, zeitgleich, vielleicht sogar die Angst zu sterben. Du atmest, nein du schnappst unbemerkt nach Luft. Durch das Luft schnappen gelangt viel zu viel Luft in deinen Körper, er bläht sich auf. Es entstehen noch mehr Beklemmungsgefühle und verstärkte Schmerzen stellen sich ein, denn die Luft drückt auf sämtliche Organe, das Ohnmachtsgefühl wird noch größer. So manches Mal geht das Spiel bis hin zum Burnout? Ja, nun bist du deiner Angst ganz und gar ausgeliefert, jetzt hat sie ein leichtes Spiel mit dir. Ein leichtes Spiel, denn du siehst deine Angst als Feind und kämpfst und kämpfst gegen sie an. Jedoch kommt sie als Freund. Denn deine Angst meldet sich immer dann, wenn sie dich warnen möchte, dir etwas mitteilen will. Sie kommt als Freund.

Die Angst kommt als Freund zu dir. Sie ist ein wichtiger Anzeiger für dich. Die Angst möchte dir mitteilen, dass in deinem Leben etwas in falschen Bahnen läuft und dass es an der Zeit ist, dein Leben zu überdenken. Wenn du bereit bist, deiner Angst ins Gesicht zu schauen, zu hinterfragen, was sich alles hinter deiner Angst verbirgt, warum sie immer wieder bei dir anklopft, dann geht es aufwärts. Aufwärts mit mir, aufwärts mit dir. Anerkennen, die Angst gehört zu mir, sie ist ein Teil von mir. Ein Teil, der erlöst werden möchte. Erlöst von mir. Die Angst, ein Freund von mir. Von mir, lasse ich mich auf sie ein? Sie möchte

mich warnen, sie weiß so viel von mir. Sie erkennt längst, hier stimmt etwas nicht.
Klopft erneut die Angst an meine Türe, flippe ich nicht aus, gebe ich mich nicht mehr hin, ich begrüße sie und höre ihr zu. Schaue ich sie mir an, dann entsteht eine Möglichkeit einer Weiterentwicklung, meiner Weiterentwicklung. Die Angst als Chance nutzen. Schau deiner Angst ins Gesicht, nutze die daraus entstehende Kraft und verstehe Zusammenhänge. Vielleicht steht es an, ein langgeplantes Projekt zu verschieben, weil sich die Lebensumstände verändert haben. Vielleicht steht ein ganz anderes Projekt an. Vielleicht muss man nur zu sich stehen und umdrehen, einfach nur umdrehen. Größe und Sieg zeigen sich oft, wenn wir Menschen nicht mit den Kopf anschieben, sondern mit dem Herzen. Das kann heißen: ändert sich nur eine Sache meines Projektes, ist es wichtig das Projekt in einem neuen Kontext zu sehen. Gegeben Falls umdrehen, neu strukturieren, verschieben usw. Vielleicht ist es die Sehnsucht nach einer ganz bestimmten Person, dann nimm wieder Kontakt zu ihr auf. Vielleicht ...

Meditation

Kehre ein, ein in dein Sein. Atme ganz ruhig aus! Atme aus! Versuche dich zu entspannen und atme aus! Atme die Gefühle aus! Eine Hand berührt deinen Rücken. Sie hält dich. Atme ganz ruhig aus! Sie hält dich. Die Hand sie hält dich. Sie hält dich, während es du dir erlaubst, mehr und mehr, zu entspannen. Sie hält dich. – Pause -
Wurzeln an deinen Füssen, Wurzeln sie wachsen und wachsen, sie geben dir Halt. Sie wachsen und wachsen, sie geben dir Halt. – Pause -
Ein großes Kissen, ein Lichtkissen taucht vor deinem geistigen Auge auf. Lege dich auf dieses Lichtkissen und ruhe dich aus. Ruhe, ruhe, ruhe dich aus. – Pause –
Versuche deine Angst aus deinem Körper zu nehmen. Stelle sie vor dich hin. Wie sieht deine Angst aus? - Pause - Deine Angst darf nun ebenfalls auf dem Lichtkissen einen Platz einnehmen. Schaue deine Angst an, akzeptiere deine Angst, nehme sie bewusst an, reiche ihr die Hand. Setze dich mit deiner Angst auseinander, rede mit ihr. Frage sie, weshalb sie bei dir anklopft. Sei geduldig, höre in dich hinein, höre deine innere Stimme. - Pause -

Vielleicht erfährst du, dass die Angst, deine Angst stets als Freund zu dir kommt. Sie kommt als Freund und möchte dich darauf aufmerksam machen, dass hier und jetzt etwas in falschen Bahnen läuft. Denke darüber nach!

Verantwortung

Verantwortung abgeben heißt, andere über mich bestimmen zu lassen. Einverstanden zu sein, für jede Wunde die sie mir zufügen. Das macht klein und verschüttet den eigenen Göttlichen Kern.
Wache auf, übernehme Verantwortung, Verantwortung für dich selbst. Nimm dein Leben, somit dein Denken, dein Handeln, dein Tun, selbst in deine Hand. Jede Ausrede bedeutet, nicht bereit sein. Nicht bereit sein, Verantwortung für das eigene Leben, zu übernehmen. Klagen, Selbstmitleid blockiert, schränkt ein, die Sackgasse ist dann nicht mehr weit. Verantwortung abgeben heißt auch, einen Schuldigen, im Außen, suchen dürfen, Fehler bei anderen finden, jedoch nicht bei mir. Es heißt auch, sich selbst zu belügen, betrügen, sich zu blenden.

Verantwortung übernehmen, aus dem „Erwachsenen Ich“ heraus zu agieren, sich seine Fehler einzugestehen, Veränderungen herbeiführen wollen. Offen und ehrlich Dinge benennen, Haltung einnehmen. Mir selbst meinen Spiegel vorhalten, mir selbst in meine Augen schauen. Sehen, spüren was ich in diese Welt eingebe. Wiedermal erkennen, dass das Sprichwort: „Das was du nicht willst, was man dir tut, das füge auch keinen anderen zu!“, auch für mich gilt.

Schicksale, grausame Schicksale können immer dann geschehen, wenn der Mensch einfach so dahinlebt, sein Leben verplempert und sich weigert. Weigert, sich an einer Weiterentwicklung zu beteiligen und somit sein Leben auf Kosten anderer lebt. Immer dann, wenn er sein Leben nicht als höchstes Gut, als ein Geschenk Gottes sehen kann und es auch so nicht sehen will. Immer dann, wenn er keine Perspektive suchen und finden will. Immer dann, wenn die Werte im Menschen Armseligkeiten verkünden. Immer dann, wenn er Schuldige für sein eigenes, unverantwortliches Leben sucht. Wenn der Mensch jegliches Licht ausschlägt und die Dunkelheit, mit Hängen und Würgen festhalten, weder von Moral und Ethik etwas wissen möchte.

Nur wenn ich meine Verantwortung übernehme, Dinge ausspreche, meine Wahrheit sichtbar wird, kann sich ein Sinneswandel bei mir und bei meinen Mitmenschen einstellen. Wahrheiten überdenken fällt vielen Menschen schwer, denn in einer selbst ausgedachten Lügenwelt lebt es sich leichter. Das ist ein großer Irrtum! Denn eine Lügenwelt schafft Verwirrung und Verirrung, richtet großes Unheil, immer einen Schaden an!

Meditation

Kehre ein, ein in dein Sein. Hinterfrage was du tust! In welchen Bereichen, deines Lebens, hast du die Verantwortung abgegeben? Warum gibst du deine Verantwortung ab? Schaue dir verschiedene Situationen deines Lebens an! Welche Menschen sind dabei? Wie fühlst du dich und wie fühlen sich die anderen Personen? Wo belügst und betrügst du dich selbst? Wen möchtest du für deine Fehler verantwortlich machen, wer soll der Schuldige sein? Warum benötigst du einen Schuldigen? - Pause –

Wie müsstest du handeln, damit du deine Verantwortung übernehmen könntest? Übernehme jetzt die Verantwortung! Was verändert sich? Schaue dir alle beteiligte Personen an. Betrachte dich selbst. Wie geht es dir? – Pause – Schreibe dir alles auf, alles was du nun erlebt hast!

Freundschaft

Freundschaft, was bedeutet dieses Wort? Hast du überprüft, ob du dein eigener Freund bist? Nur wenn du mit dir selbst Freundschaft schließt, nur dann ist es dir möglich mit anderen Menschen Freundschaft zu schließen. Du bist mein Freund, heißt noch lange nicht, dass du mein Freund bist. Sei dir darüber im Klaren. Freundschaft kann man nicht kaufen, kann man nicht wollen, sie ist nicht einfach da. Freundschaft entwickelt sich, wächst, überlebt Höhen und Tiefen, die Liebe stellt sich ein.

Belügen, sich selbst belügen, betrügen, blockiert, führt in eine Härte hinein. Auch schleimen und blenden ist Lug und Betrug. Augen, Ohren zu und durch! Die eigene Energie versiegt, die Liebe schwindet. Die Eigenliebe stellt sich nicht ein. Wie kannst du dann dein eigener Freund sein?
Wenn wir Menschen uns in einem Hoch befinden, möchten sich gerne viele Menschen um uns scharen und sich Freund nennen. Vielleicht wollen sie einfach nur, dass wir unseren Kuchen mit ihnen teilen, ohne dass sie dafür etwas tun, ohne dass sie selbst etwas eingeben. Überprüfe kritisch was du sehen möchtest und was du nicht sehen möchtest! Vielleicht kannst du erkennen, dass du einem Phantom hinterher hechtest und am Ende du, du ganz alleine auf der Strecke bleibst.

Meditation

Kehre ein, ein in dein Sein. Schaue dir deine Freunde an. Geht es dir gut? Sind wirklich alle deine Freunde? Oder möchten sich viele Menschen um dich scharen und sich Freund nennen? Wollen sie, dass du deinen Kuchen mit ihnen teilst, ohne selbst etwas eingeben zu müsse?- Pause –

Schaue dir deine Freunde genau an und überprüfe kritisch. Was willst du nicht erkennen? Was erkennst du? Willst du gut dastehen? Einfach dazugehören, koste es was es wolle? Welchen Preis kostet dir die eine oder andere Freundschaft, Scheinfreundschaft? Fühlst du dich wohl in dieser Beziehung? Ist sie ausgeglichen? Wo und warum belügst du dich? Ist wirklich jeder dein Freund? Wer ist dein Freund? Wer nicht? – Pause –

Aber ich will

Weißt du was du willst? Wie oft hast du, in deinem Leben, etwas gewollt und zwar ohne wenn und ohne aber, auf Biegen und Brechen, koste es was es wolle. „Aber ich will!" Mit den Kopf durch die Wand? Der „Ich will Zustand" versetzt uns regelrecht in eine Lähmung. Das Gesicht verzerrt sich, Falten zieren die Stirn, der Mund gleicht einem langgezogenen Strich. Ein Denken ist nicht mehr möglich. Gehirn und Nacken sind blockiert, die Augen zu, der Nacken starr. Egal was von Außen in uns dringen möchte, wir hören nichts. Also Brett vor dem Kopf. Der Atem stockt in der Herzgegend, d.h. der Körper bekommt zu wenig Luft. Ein Blick in den Spiegel zeigt ein verbissenes Gesicht.

Was wäre, wenn du in diesem „Ich will Zustand", tatsächlich deinen Willen durchsetzen könntest? Könntest du dich dann wirklich freuen? Freuen, an dem was du über deine Verbissenheit erreichen konntest? Ist es nicht so, dass dieser gewonnene Machtkampf, dieses Triumphieren wollen, Einsamkeit birgt? Sich die Menschen abwenden und der Sieger alleine da steht und sich einredet: „Ich war im Recht!" Vielleicht ein heimliches Schämen, ein Zurückziehen, ein unangenehmes Gefühl, eine schmerzliche Erfahrung?

Meditation

Kehre ein, ein in dein Sein. Versetze dich in einem „Ich will Zustand", in dem du deinen Willen durchsetzen konntest. – Pause

Wie fühlst du dich? Was denkst du? Wer ist bei dir? Was geschieht? Was hast du aus dieser Ich will Situation gelernt? Was wünschst du dir?

Wünschen

Wünschen geht ganz anders. Wünschen heißt, aus dem Herzen heraus Dinge anstreben, sich freuen und hoffen, dass der Wunsch in Erfüllung geht. Das Gesicht lacht, der Körper strahlt Hoffnung und Freude aus. Die Energie kann durch den ganzen Körper hindurch fließen und darüber hinaus. Die Augen, sie sehen, die Ohren, sie hören, der Körper nimmt auf. Obwohl der Wunsch noch längst nicht erfüllt ist, bin ich selbst schon erfüllt. Die Liebe, Leidenschaft fühle ich in mir.

Alle Seiten in Betracht ziehen, offen sein, offen bleiben, sodass die eigene Energie, in meinen Körper, weiterhin in mir und noch mehr aus mir heraus fließen kann. So manch anderer Mensch hofft und wünscht es sich inzwischen auch, dass mein Wunsch sich erfüllt, die Freude wird noch größer.
Geht der Wunsch in Erfüllung, dann darf ich mich zusammen mit anderen Menschen freuen. Ich darf meine Freude teilen. Ich fühle mich eingebettet und geliebt. Die Liebe fließt hin zu einem anderen Menschen und es kommt Liebe zurück.

Meditation

Kehre ein, ein in dein Sein! Wann hast du dir von ganzem Herzen etwas gewünscht? Was war es? Wie kam es zu diesem Wunsch? – Pause –

Schaue dir nochmals den Wertegang deines Wunsches an, bis hin zur Erfüllung!

Wie hat es sich angefühlt? Was hast du unternommen? Wer war bei dir? Wer hat sich mit dir gefreut? Was hat sich in deinem Leben verändert?

Segnen

Was bedeutet segnen? Segnen heißt gut über mich und gut über andere Personen zu reden. Wir bitten Gott um einen Segen, sodass Gutes entstehen kann. Wenn ich den Segen Gottes erbitte, hoffe und wünsche ich mir, dass ich und auch andere Personen Kraft und Gnade erhalten mögen. Dies schließt den Schutz und die Bewahrung vor dem Bösen genauso mit ein, wie das Glück, die Freude, die Fülle, die Liebe.

Ein Segen kommt aus dem Herzen. Segnen gelingt uns nur dann, wenn wir wirklich Gutes eingeben wollen. Frei sind, frei von Hochmut und Stolz. Es steht kein Wetteifern dazwischen, kein Vergleichen, Messen, keine Besserwisserei, keine Macht. Wenn es uns gelingt, unsere Feinde zu segnen, dann werden wir frei. Dann können wir die Kraft, die uns gegeben wird, für uns selbst einsetzen und unser Leben, in Frieden, leben.

Wenn ich um einen Segen bitte, dann wird es auch leichter für mich sein, bei einen Menschen zu sitzen, den ich nicht vertraue.

Meditation

Kehre ein, ein in dein Sein! Wann hast du das letzte Mal einen Segen ausgesprochen? Für wen hast du einen Segen ausgesprochen? Warum hast du diesen Segen ausgesprochen? War er ehrlich gemeint? Kam er aus deinem Herzen? – Pause –

Bitte, für dich, um einen Segen! Was geschieht? Was fühlst du? Was denkst du? Was siehst du? – Pause –
Segne nun deine Eltern, deinen Partner, deine Partnerin, deine Kinder, Oma und Opa! Segne eine Person, mit der du nicht im Reinen bist! Was geschieht?

Ein neues Ziel (Kraft schöpfen und mitnehmen)

Wenn wir Menschen, die eigene Familie akzeptieren, so wie sie ist, mit allem was dazugehört, dann finden wir, in uns, die Kraft. Die Kraft, die es braucht, um in dieser Welt vorwärts gehen zu können. Die Kraft, die es braucht, um in dieser Welt zu bestehen. Die Kraft, die es braucht, um nicht mehr in all die Dramen einsteigen zu müssen. All die Dramen, die sich, all zu gerne, der menschliche Kopf, immer wieder neu erschafft, sich ausdenkt und mit diesem ausgedachten Gebilde sein Leben, oftmals lenkt und sich somit selbst und auch andere in die Irre führt.

Wichtig: Im Geist, jeglichen Menschen dort lassen, frei lassen, los lassen, sein lassen!“ Dann finden wir die Kraft, die uns, zu uns lenkt, zu uns führt. Die uns die Freiheit schenkt, uns erlaubt, uns leer zu machen.

Einen leeren Raum in mir schaffen, gelingt immer dann, wenn ich mir das Vergangene angeschaut, wieder ein Stückchen mehr verstanden, neu angeordnet, einige Dinge ganz zurückgelassen und Neues aufgenommen habe. Es gelingt immer mehr, wenn ich meinen Fokus auf eine klare Kommunikation richten kann, weil ich weiß was ich will. Immer dann, wenn ich gelernt habe, meine Wut, meinen Groll, meinen Zorn, meine Aggression zu zügeln. Ja, es gelingt uns Menschen immer dann, wenn wir unsere Wunden erkannt, benannt, wir uns ihnen zugewandt haben, um sie zu heilen. Heilung schenkt uns die Ruhe, die Kraft die es braucht, um verständnisvoll mit unseren Mitmenschen, durch unser Leben zu reisen. Die Ruhe und die Kraft, die es braucht, um die Geduld aufzubringen, mitfühlend, aus unserer Liebe heraus, uns gegenseitig, zu tragen. Sich selbst und somit seinen Nächsten zu lieben.

Ein leerer Raum kann die Türe öffnen und Neues fassen, Kraft aufnehmen, Kraft schöpfen, die es braucht, anders vorwärts zu gehen.

Meditation (Herausforderungen meistern)

Kehre ein, ein in dein Sein. Herausforderungen meistern. Die Sonne scheint, ich stehe am Flussufer und beobachte einen Wasserfall. Dabei strecke und recke ich mich. Mir geht es gut. Meine Augen und meine Ohren sind ganz und gar auf den Wasserfall gerichtet. Er fällt, er platscht ganz laut, stürmisch, schäumend, gewaltig ins Wasser. Sie Sonne spiegelt das Wasser, es blitzt und funkelt, so als ob unzählige kleine Sternchen darauf tanzen. Ich verspüre den Drang in das

Wasser zu springen und gegen den Strom zu schwimmen. Ich gebe dem Drang in mir nach und springe hinein.
Der Wasserfall zieht mich magisch an. Ich schwimme in diese Richtung. Die Sonne scheint auf mein Gesicht und auf meinen Rücken. Dies tut gut.

In mir meldet sich eine Stimme: „Genieße einfach die Sonne!" Fast zeitgleich höre ich noch eine zweite Stimme, die mich antreibt weiter zu schwimmen. Sie flüstert mir zu: „Schwimme jetzt hin bis zum Wasserfall, denn jetzt hast du die Kraft, genieße danach die Sonne!" Ich höre auf sie!

Um gegen den Strom schwimmen zu können, benötige jetzt viel mehr Schwung. Ich setze meine ganze Kraft ein und kraule. Der rechte Arm gleitet aus dem Wasser, auch meine rechte Wange, dann der linke Arm und die linke Wange. Ich spüre, auch jetzt, die Sonne. Die Kraft des Wassers drückt mich immer mehr zurück. Zug um Zug, ich muss jetzt kräftig ankämpfen, ankämpfen, ankämpfen. Ankämpfen, gegen den Strom vorwärtszukommen, Stück für Stück.

Der Kampf im Wasser, der Kampf in mir wird immer größer, schwieriger. Habe ich überhaupt so viel Kraft, kehre ich lieber um? Nein, in mir meldet sich eine antreibende Kraft, sie schiebt mich wieder ein Stückchen voran. Meine Arme sie schmerzen, meine Lunge tut weh. Bewege ich mich und bleibe dennoch immer an der gleichen Stelle?
Ein Engelein begleitet mich, es gibt mir wieder neuen Mut. Es flüstert mir zu: „Denke an dein Ziel!" Ich verspüre kaum noch Kraft, kann auch nicht mehr so gut durchatmen. Trotzdem, ich kämpfe, ich kämpfe, ich kämpfe weiter. Ich kämpfe jetzt auch gegen den Schmerz an, der sich, mehr und mehr, in mir ausbreitet. Gebe ich doch lieber auf, ausruhen und weinen? Kaum sind diese Gedanken, in mir aufgeblitzt, werde ich von einer neuen inneren Kraft, wie weitergeschoben. Schmerz und Verzweiflung schwinden so schnell. Das Engelein begleitet mich. Eine weitere Kraft breitet sich in mir aus. „Nur noch ein Stückchen, dann bist du da, nur noch ein Stückchen, dann bist du da!" „Ich kann nicht mehr!" „Doch du kannst!" Der Kampf in mir, der Kampf im Wasser. „Ich will ans Ziel!"

Jetzt bin ich da und tauche auch gleich durch. Ich tauche durch dieses, für mich, gewaltige Naturschauspiel hindurch und ruhe mich aus. Außer Atem, ich ringe, ich ringe, ich ringe nach Luft, meine Lunge tut weh. Der ganze Körper ist aufgewühlt und schmerzt. Die Tränen, sie fließen, sie fließen aus mir heraus. Erschöpft, mein Körper restlos ausgepowert. Mein Herz pocht ganz schnell, ich spüre es im ganzen Körper, besonders am Hals und in meinem Kopf. Ich ringe, ich ringe, ich ringe nach Luft. –Pause -

Jetzt kann ich wieder etwas tiefer atmen, durchatmen. Ich atme, ich atme, ich atme ein und auch aus, endlich stoße ich ein Freudenschrei aus. Ich weine, ich weine vor Glück. Ich weine, meine Atmung stellt sich nochmals besser ein, erneut ein Schrei, schon lauter, ich schreie, ich stoße einfach erneut einen Laut aus. Einen Freudenschrei. Langsam erhole ich mich – Pause

Hinter dem Wasserfall ruhe ich jetzt auf einem Stein. Der gewaltige Wasserfall stürzt vor mir ins Wasser, so wuchtig, so laut. Meine Atmung wird langsam wieder ruhiger, ich erhole mich jetzt recht schnell. Ich genieße, ein wohliges Gefühl durchströmt meinen ganzen Körper, ich nehme es bewusst auf. Ich atme langsam ein und aus, langsam, dennoch tief ein und aus. – Pause –

Nun tauche ich durch den Wasserfall hindurch, zurück auf die andere Seite. Die Sonne begrüßt mich, das Wasser treibt mich voran. Ich liege im Wasser und es treibt mich voran. Ausgepowert und dennoch eine grenzenlose Kraft in mir, Freude, voller Glück, Ruhe und auch ein Aufbrechen wollen, alles steckt in mir. Neue Ufer suchen, das Wasser treibt mich voran. Die Sonne küsst mich, wärmt mich, sie tut mir so gut.

Ich lasse mich ein ganzen Stück weiter treiben, flussabwärts, alles geht wie von selbst. Hier möchte ich noch eine Weile bleiben. - Pause -
Weiter vorne, am seichten Uferrand verlasse ich den Fluss. Noch einmal drehe ich mich um und gehe dann in eine neue Welt hinein.

Über die Autorin

Anni Schneiberg hat sich schon in jungen Jahren auf die Reise gemacht, um unsere so menschlichen Verhaltensweisen zu erforschen.
In dem Büchlein: „Zurück zu meinen Wurzeln, back to the roots",
möchte sie die Leser einladen, die eigenen Verhaltensmuster zu erkennen, zu benennen, zu verstehen, um diese dann zu verändern.
Verändern hin zum Guten, damit ein liebenswertes Miteinander entstehen kann.

Als Dipl.-Betriebswirtin und psychologische Beraterin konnte sie sich Wissen über bestimmte Verhaltensmuster im Privatbereich, so wohl auch über die betriebswirtschaftlichen Zusammenhänge in der Berufswelt, aneignen.

Sie hat recht schnell herausgefunden, wenn wir uns mit ganz bestimmten Fragen auseinandersetzen, Antworten suchen und finden, dann können wir ein glückliches und zufriedenes Leben leben, immer mit der bewussten Anbindung zum eigenen Göttlichen Selbst.

Woher kommen unsere Wurzeln? Wie sehen sie aus? Wer bin ich? Wer tut mir gut, wer tut mir nicht gut? Wem tue ich gut? Warum ist das so? Warum handeln wir so? Was bewegt uns? Was hält uns fest? Wie können Wunden heilen, sei es im Privatbereich oder in der Berufswelt? Wo ist mein Platz? Wie können wir unsere Strukturen verändern? Wie erreiche ich meine Ziele?

Herzliche Grüße von Anni Schneiberg

Anni Schneiberg
Coaching im Privatbereich und Business
www.schneiberg-coaching.de

Recht herzlich bedanke ich mich bei meinem Eheman,
meinen Kindern, Eltern und Geschwistern.

Printed by Books on Demand GmbH, Norderstedt / Germany